OLGA & FOLKE

EN BILDERBOK FRÅN EN SVUNNEN TID

Design Leif Södergren
ISBN 978-91-979188-9-3

Särskilt tack till Torsten Atterbom

LEMONGULCHBOOKS
www.lemongulchbooks.com

OLGA & FOLKE

EN BILDERBOK FRÅN EN SVUNNEN TID

AV
LEIF SÖDERGREN

till
Mormor och Morfar

INNEHÅLL

1909

1 FÖRLOVADE

2 LÄRA KÄNNA VARANDRA

3 VI SES I PARIS, ÄLSKADE OLGA

4 EN ROS TILL OLGA

7 OLGAS BRUDUTSTYRSEL

9 DET FÖRSTA HEMMET

11 HUR MÖBLERA?

13 FAMILJEFÖRETAGET

15 GIFTA I PARIS 1909

1913

16 OLGA OCH BARNEN RESER TILL FLORIDA

1918

19 LYSHOLMEN

24 HALLEN

25 SALONGEN

26 MATSALEN

27 VARDAGSRUMMET

28 MASTER BEDROOM

30 TORPRUMMET

31 SOVRUMMEN

32 KÄLLAREN

33 LOGGIAN

34 KÖKET OCH SERVERINGSRUMMET

35 ODLINGAR PÅ LYSHOLMEN

36 BARNENS PARADIS

37 UTFLYKTER I SKÄRGÅRDEN

OLGA

38 OLGA

40 MAMMA TILL NIO BARN

43 OLGA, KONSTNÄREN

44 OLGAS KINESISKA LACKARBETEN

45 OLGAS DALAMÅLERI

47 OLGA, RÖDA KORSET OCH KUNGEN

FOLKE

49 FOLKE

51 FOLKE JAGAR

53 FOLKES MÅÅTORP

55 SNÄLLA FOLKE, RÖK INTE!

57 RESOR TIL FLORIDA

59 FOLKES BREV

LINNÉA

61 FANTASTISKA LINNÉA

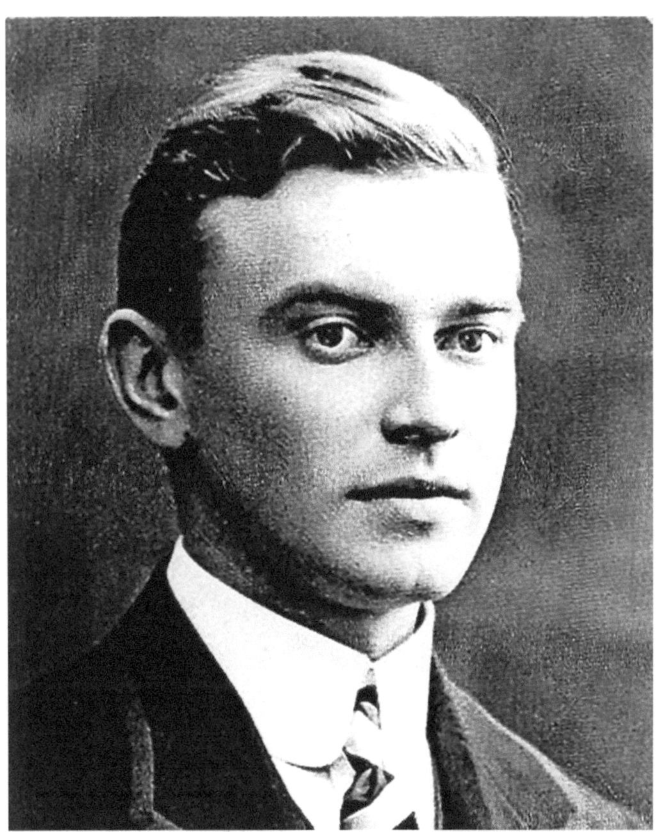

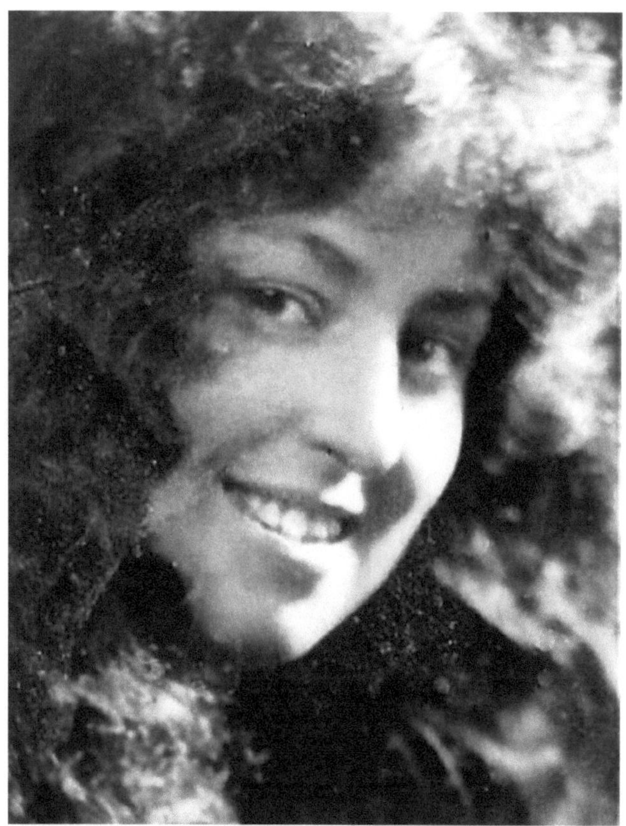

FOLKE JONSSON & OLGA DAWSON
FÖRLOVADE DEN 20 APRIL 1909

Min amerikanska mormor Olga och min svenska morfar Folke träffades i Bryssel 1909. Olga var arton och Folke tjugotre. Det var kärlek vid första ögonkastet och det förälskade paret gifte sig tio månader senare i Paris. De bosatte sig i Göteborg och på Särö. På den tiden var det populärt att gifta sig mycket ung, ämnet diskuterades mycket i pressen. När Olga var trettiotvå år hade hon redan fött åtta barn. Ytterligare ett barn kom åtta år senare.

Jag kan förstå att Olga och Folke föll för varandra. De hade båda kärleksfulla och generösa föräldrar. Både Olga och Folke hade konstnärliga anlag och en positiv inställning till andra människor. De föredrog att se det goda hos sina medmänniskor och var generösa, gästfria och charmerande samt engagerade i den värld de levde. Det gjorde dem båda mycket omtyckta och deras hem var alltid öppet för släkt och vänner. Hos Olga och Folke kände man sig alltid välkommen vare sig man var inbjuden eller kom på spontant besök, ensam eller i sällskap med andra.

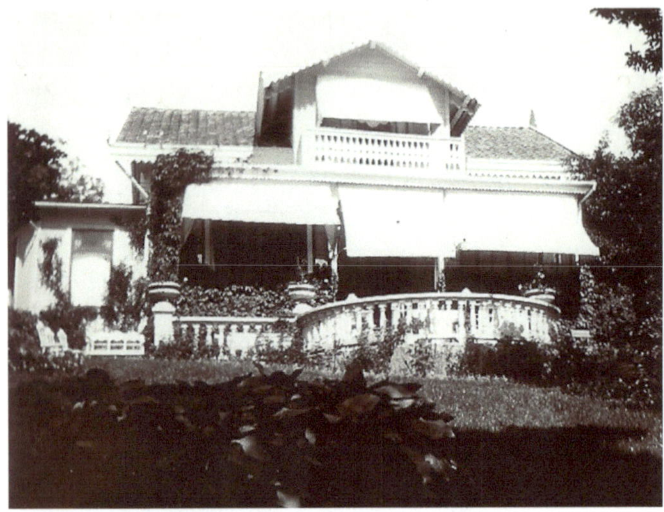

LÄRA KÄNNA VARANDRA

När Olgas föräldrar hade givit sitt medgivande till giftermålet, reste Olga, hennes pappa William Dawson, hennes mamma Anita Ball Dawson, och hennes syskon Una och Willie till Sverige för att träffa Folkes svenska familj.

De tillbringade större delen av sommaren 1909 på Särö, en exklusiv badort på den svenska västkusten.

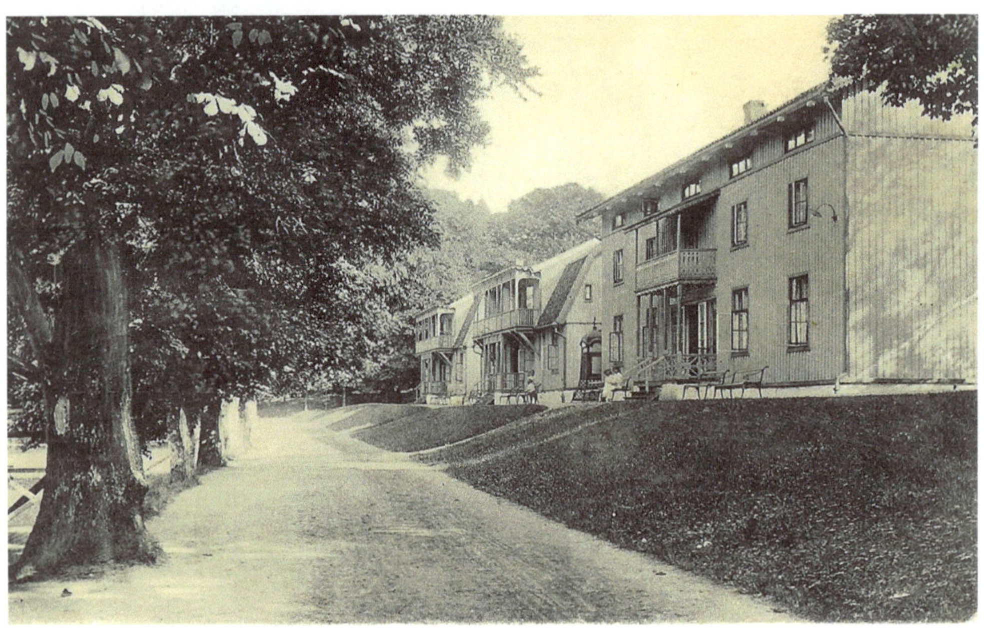

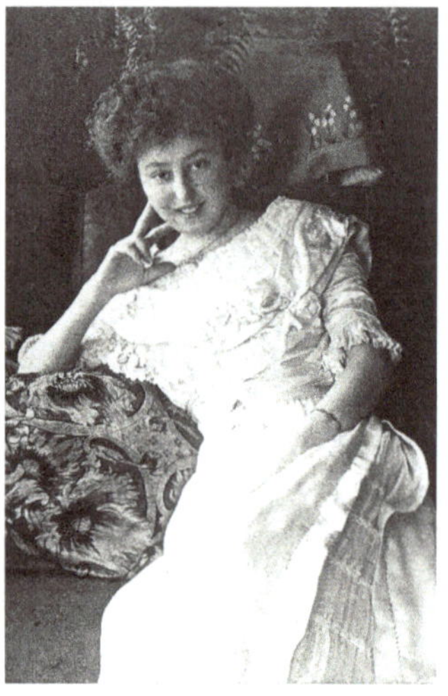

Här i "paviljongerna" på Särö, hade familjen hyrt tre rum med balkong. Familjerna kom alldeles utmärkt överens och alla såg fram emot bröllopet i Paris samma år.

Folkes far, Axel Jonsson, bodde i villa "Beau Rivage" strax intill (överst)

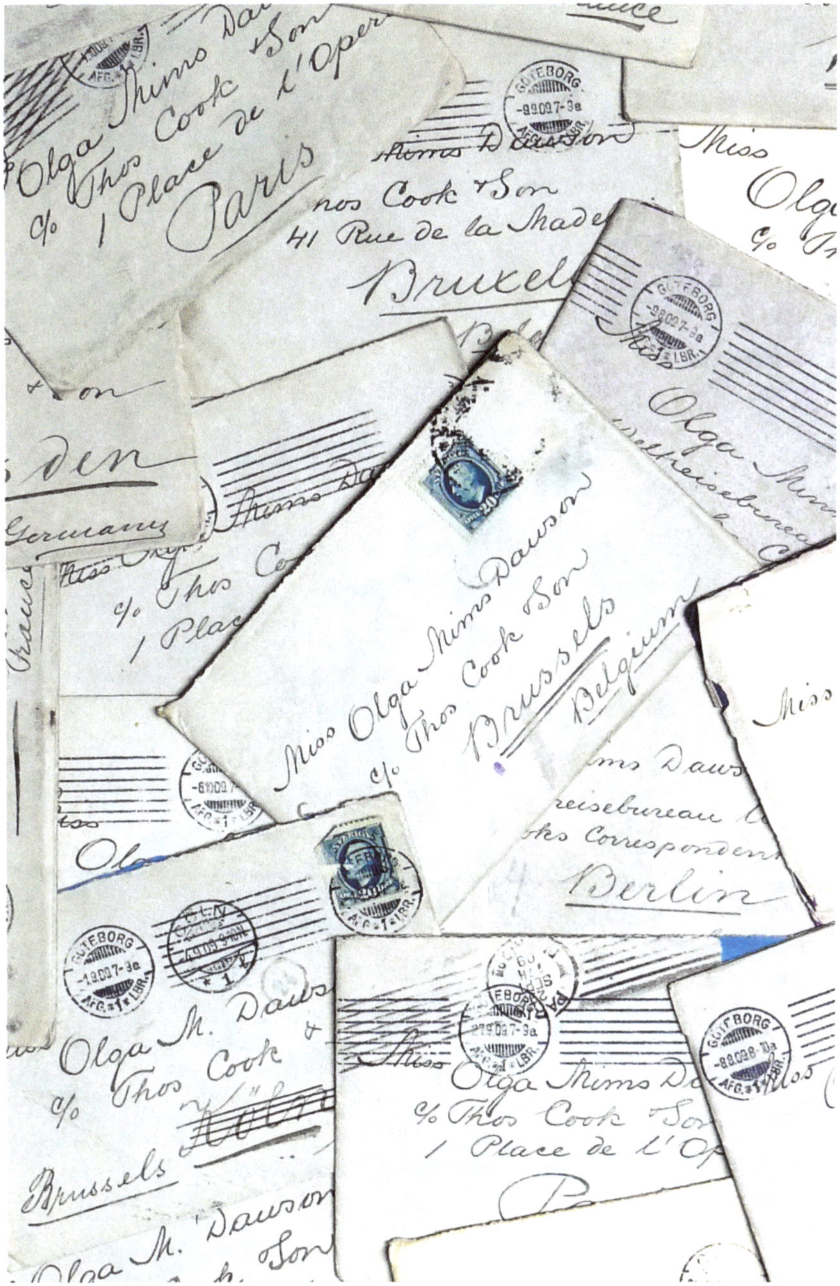

VI SES I PARIS, ÄLSKADE OLGA!

Bröllopet skulle ske i Paris i oktober månad. Olga och hennes familj lämnade Särö i augusti för att resa runt i Tyskland och Belgien och sedan arrangera bröllopet i Paris.
Folke blev kvar i Göteborg där han arbetade i familjeföretaget Jonsson, Sternhagen & Co. Detta innebar att han skulle bli utan sin älskade Olga i två månader. Han skrev till henne varje dag. Kuverten var adresserade till Olga Dawson c/o Thomas Cook (resebyrå) i Tyskland, Belgien och Frankrike.

För detta förälskade par var två månader alldeles för lång tid att vara skilda åt!

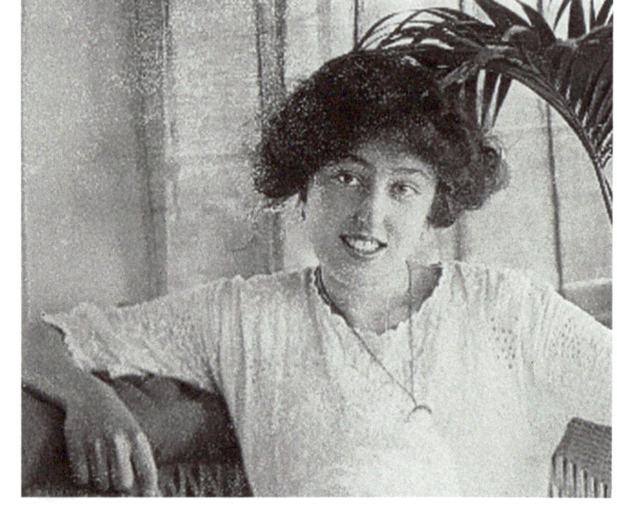

EN ROS TILL OLGA

SÄRÖ
11 AUGUSTI
1909

Folke längtade kolossalt efter Olga och skickade henne en ros från Särö där de varit så lyckliga under sommaren. Han kysste rosen och lade den i brevet och bad henne kyssa den också.

Det gjorde hon och behöll den hela livet ut. Den finns bevarad, över hundra år senare.

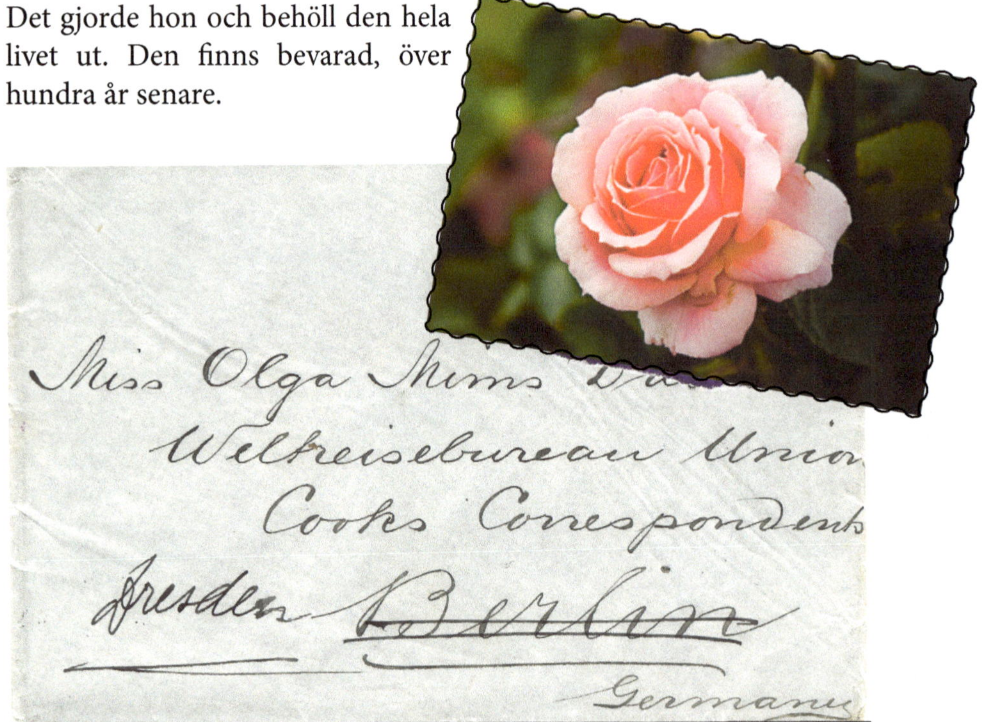

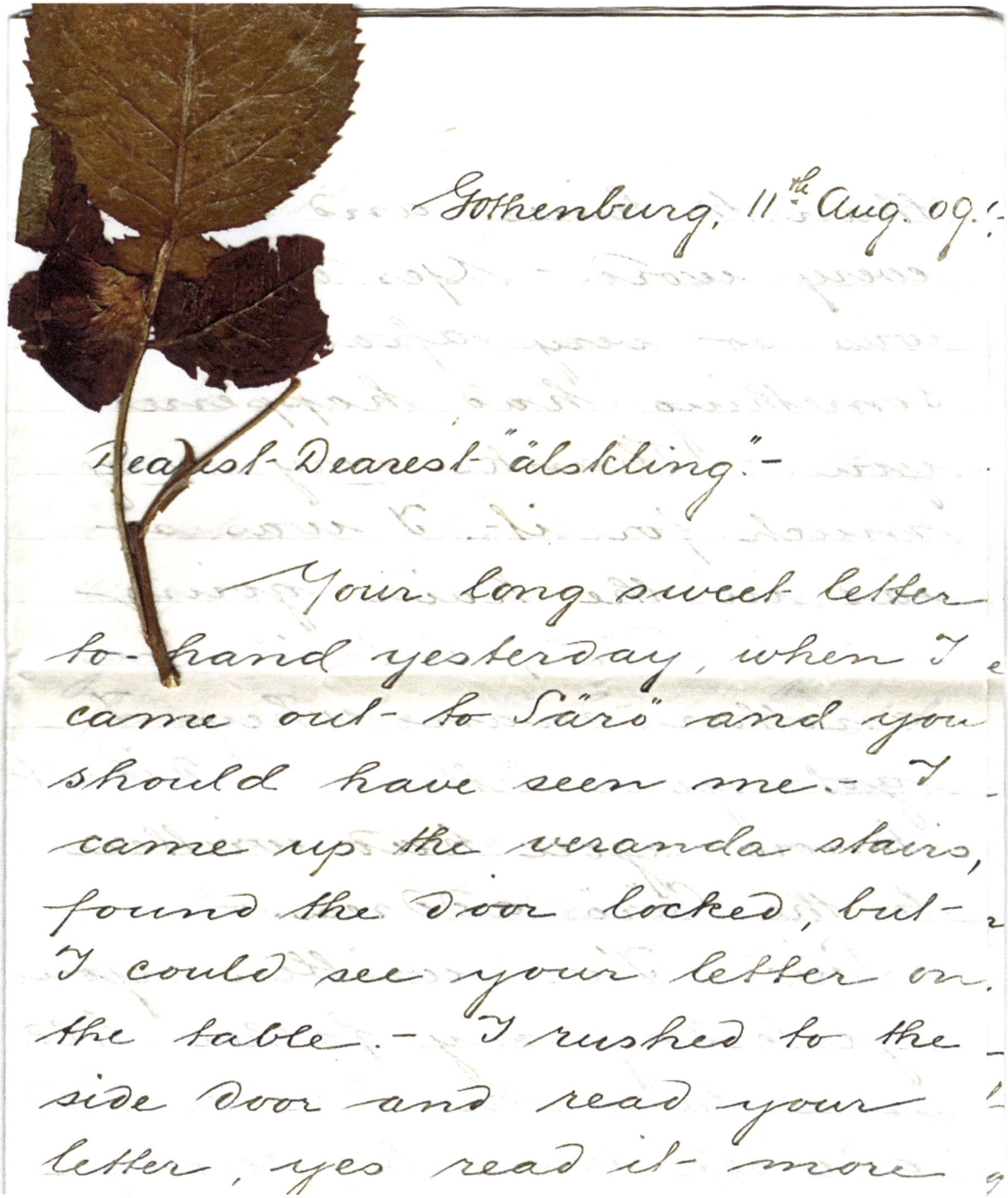

Gothenburg, 11th Aug. 09.-

Dearest-Dearest "älskling".-

Your long sweet letter to-hand yesterday, when I came out to "Särö" and you should have seen me.- I came up the veranda stairs, found the door locked, but I could see your letter on the table.- I rushed to the side door and read your letter, yes read it more

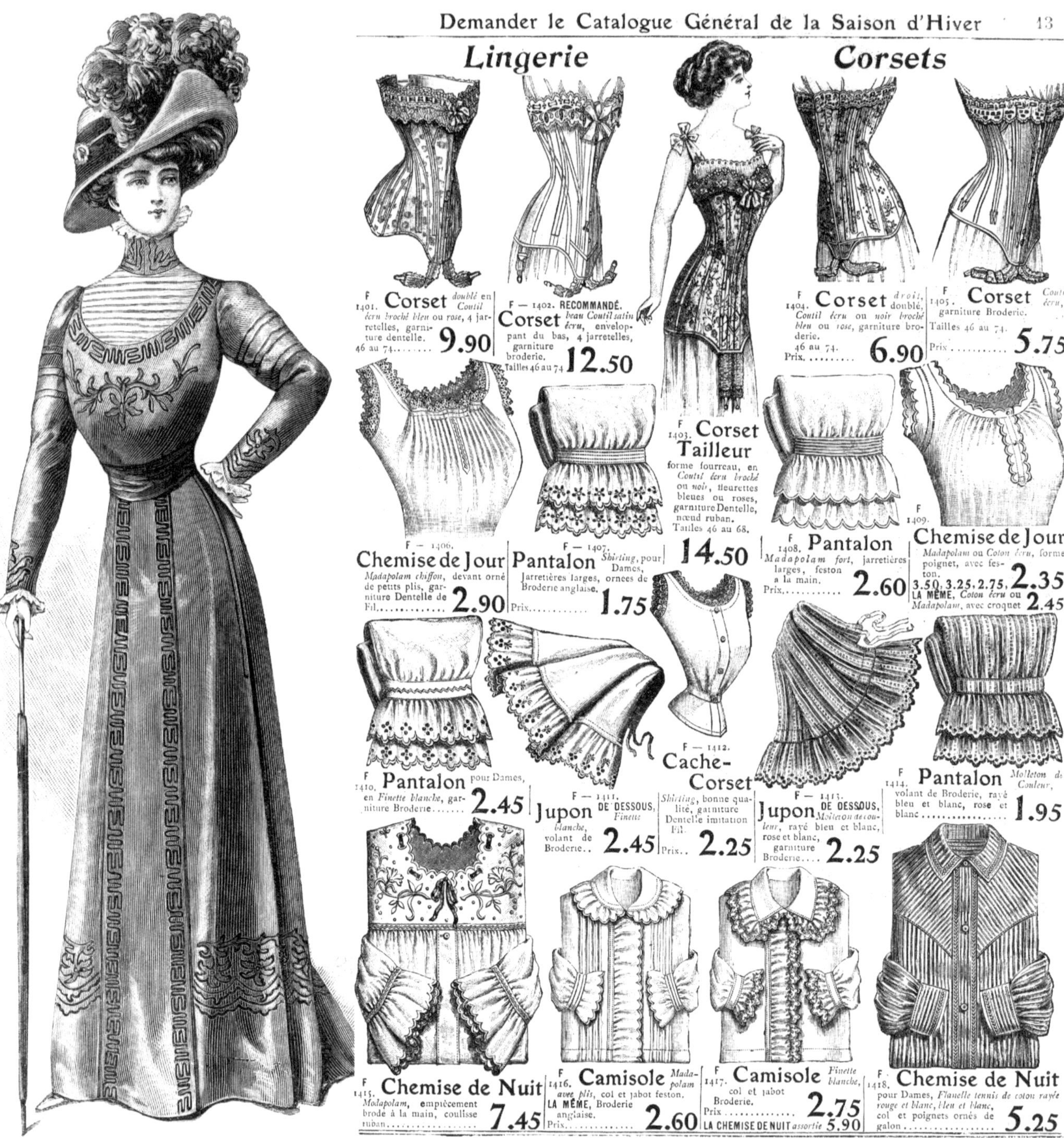

Lingerie Corsets

F 1401. **Corset** *doublé en Coutil écru broché bleu* ou *rose*, 4 jarretelles, garniture dentelle. 46 au 74........ **9.90**

F — 1402. RECOMMANDÉ. **Corset** *beau Coutil satin écru*, enveloppant du bas, 4 jarretelles, garniture broderie. Tailles 46 au 74 **12.50**

F 1403. **Corset Tailleur** forme fourreau, en *Coutil écru broché* ou *noir*, fleurettes bleues ou roses, garniture Dentelle, nœud ruban. Tailles 46 au 68. **14.50**

F 1404. **Corset** *droit*, doublé, *Coutil écru* ou *noir broché bleu* ou *rose*, garniture broderie. 46 au 74. Prix......... **6.90**

F 1405. **Corset** *Coutil écru*, garniture Broderie. Tailles 46 au 74. Prix.......... **5.75**

F — 1406. **Chemise de Jour** *Madapolam chiffon*, devant orné de petits plis, garniture Dentelle de Fil............. **2.90**

F — 1407. **Pantalon** *Shirting*, pour Dames, Jarretières larges, ornées de Broderie anglaise. Prix........... **1.75**

F 1408. **Pantalon** *Madapolam fort*, jarretières larges, feston à la main. Prix........... **2.60**

F 1409. **Chemise de Jour** *Madapolam* ou *Coton écru*, forme poignet, avec feston. 3.50, 3.25, 2.75, **2.35**
LA MÊME, *Coton écru* ou *Madapolam*, avec croquet **2.45**

F 1410. **Pantalon** pour Dames, en *Finette blanche*, garniture Broderie....... **2.45**

F — 1411. **Jupon** DE DESSOUS, *Finette blanche*, volant de Broderie.. **2.45**

F — 1412. **Cache-Corset** *Shirting*, bonne qualité, garniture Dentelle imitation Fil. Prix.. **2.25**

F — 1413. **Jupon** DE DESSOUS, *Molleton de couleur*, rayé bleu et blanc, rose et blanc, garniture Broderie.... **2.25**

F 1414. **Pantalon** *Molleton de Couleur*, volant de Broderie, rayé bleu et blanc, rose et blanc................ **1.95**

F 1415. **Chemise de Nuit** *Madapolam*, empiècement brodé à la main, coulisse ruban................. **7.45**

F 1416. **Camisole** *Madapolam avec plis*, col et jabot feston. LA MÊME, Broderie anglaise. Prix............. **2.60**

F 1417. **Camisole** *Finette blanche*, col et jabot Broderie. Prix............. **2.75**
LA CHEMISE DE NUIT *assortie* 5.90

F 1418. **Chemise de Nuit** pour Dames, *Flanelle tennis de coton rayée rouge et blanc, bleu et blanc*, col et poignets ornés de galon................. **5.25**

OLGA SAMMANSTÄLLER SIN BRUDUTSTYRSEL

(KLÄDER OCH PERSONLIGA ÄGODELAR SOM EN KVINNA SAMLADE INFÖR SITT BRÖLLOP)

"Jag är nästan färdig med mina underkläder och skall börja med hattar, klänningar, och ytterkläder.
Jag föredrar kvalité framför kvantitet..."

Fröken Olga Dawson, 17 augusti, 1909

Under två månaders tid före bröllopet, reste Olga och hennes familj runt i Tyskland och Olga köpte samtidigt mycket av sin brudutstyrsel. Hon hade fått tusen dollar av sin pappa till detta.

Vänster:
Parismode 1909.
Olga medgav att hon hade en förkärlek för spetsunderkläder, men Folke skrev till henne att hon också behövde något varmt för de svenska vintrarna.

Höger:
Olga skickade detta foto från Tyskland. Folke skrev att han knappt kände igen henne under den stora hatten.

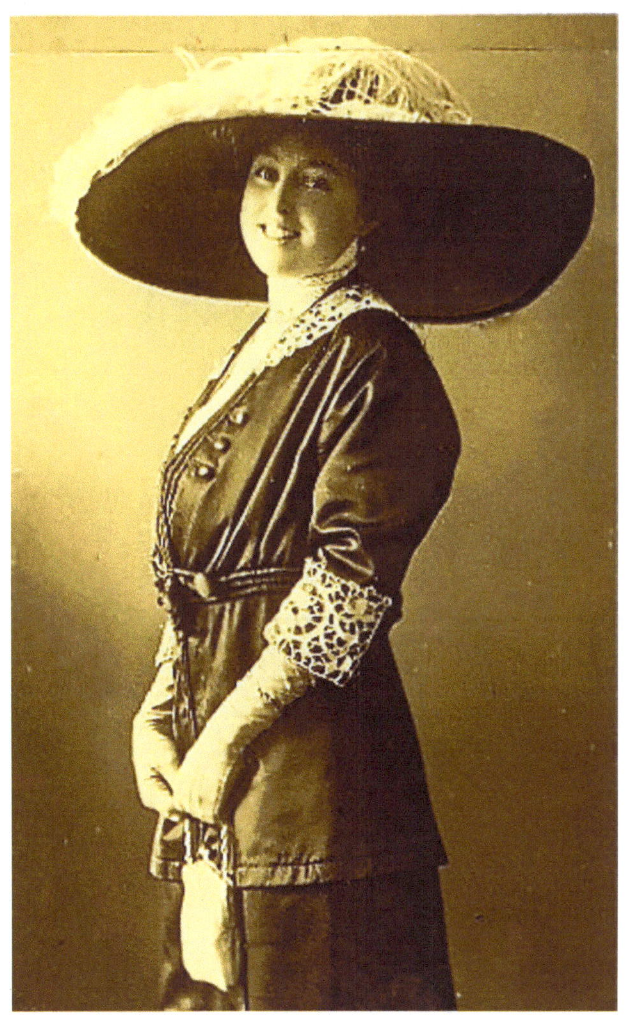

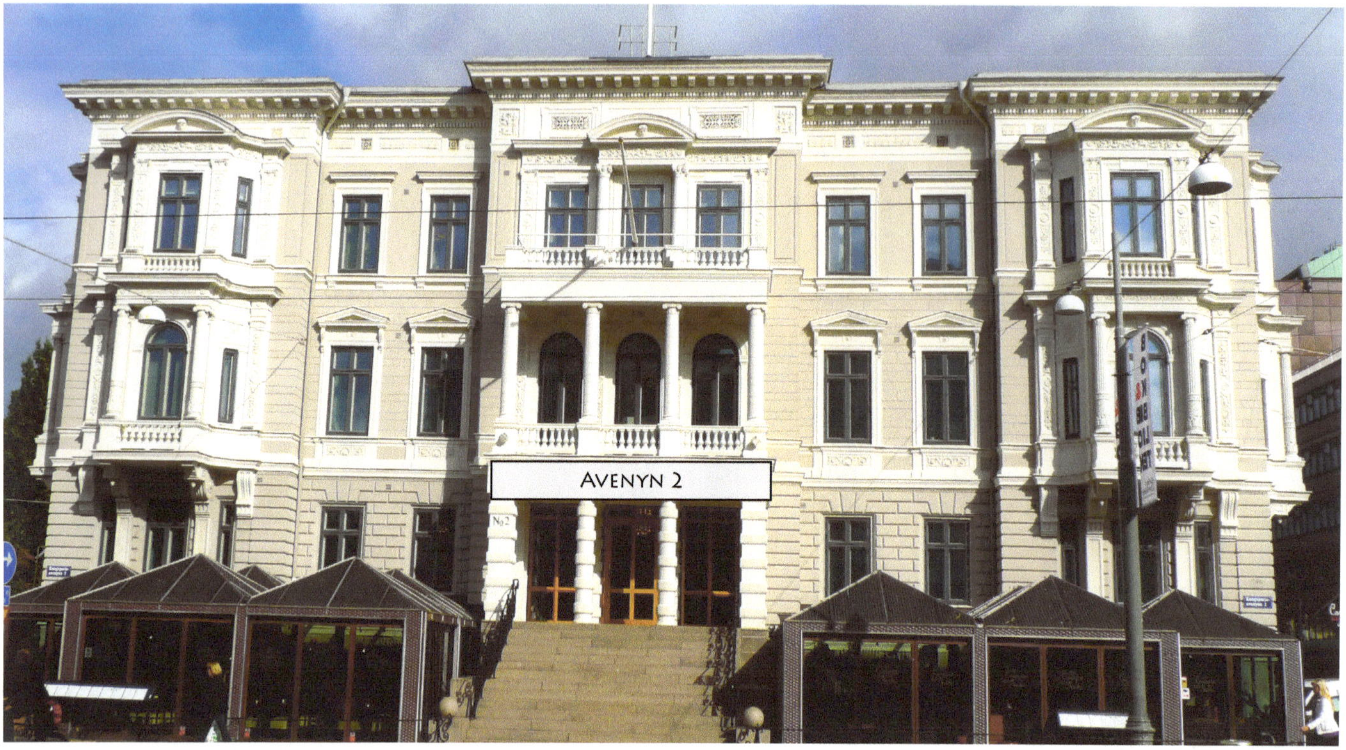

1909

AVENYN 2

FOLKES BARNDOMSHEM

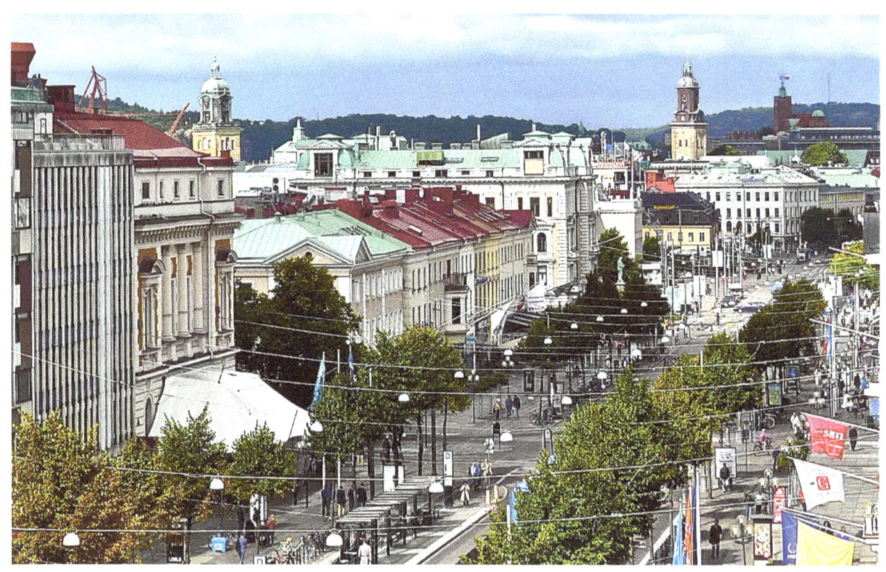

Folke växte upp här på Avenyn 2 i Göteborg. Det enda som skiljer huset från hur det såg ut 1909, är avsaknaden av trädgården framför huset. På den tiden fanns där en förträdgård med järnstaket.

Mormor Olga berättade att det kunde ta evigheter att promenera längs Avenyn på den tiden. Man träffade ideligen på släktingar och bekanta som man naturligtvis skulle stanna och konversera med. Idag finns inga trädgårdar kvar på Avenyn (vänster).

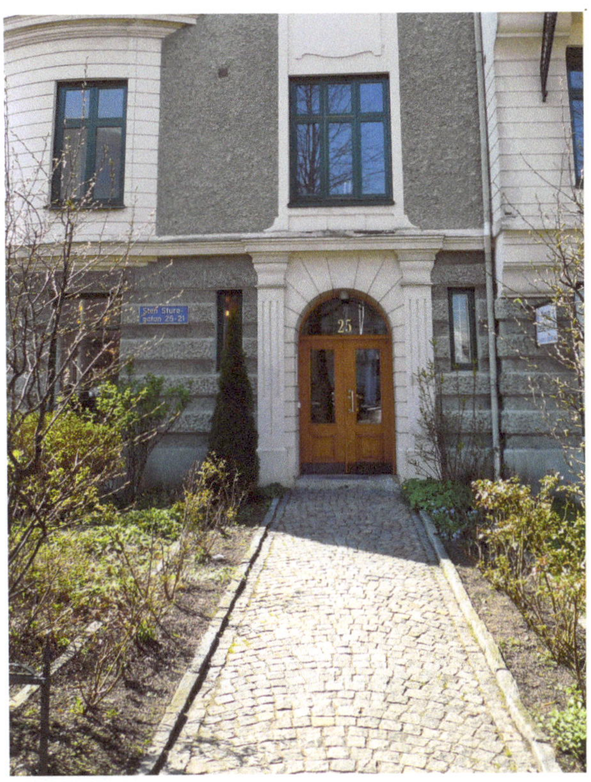

DET FÖRSTA HEMMET

Inte långt från Avenyn 2 där Folke växte upp, låg Olgas och Folkes första hem på Sten Sturegatan 25, "utanför" Göteborg. De hade ordnat med bostaden under sommaren 1909. Möblerna hade de köpt på en timme.

Medan Olga och hennes familj reste runt i Tyskland tog Folke hand om det praktiska och möbleringen av lägenheten. Det var otroligt mycket att göra och i sina dagliga brev till Olga berättar Folke vad han har gjort. Han längtar efter dagen när de båda kan flytta in.

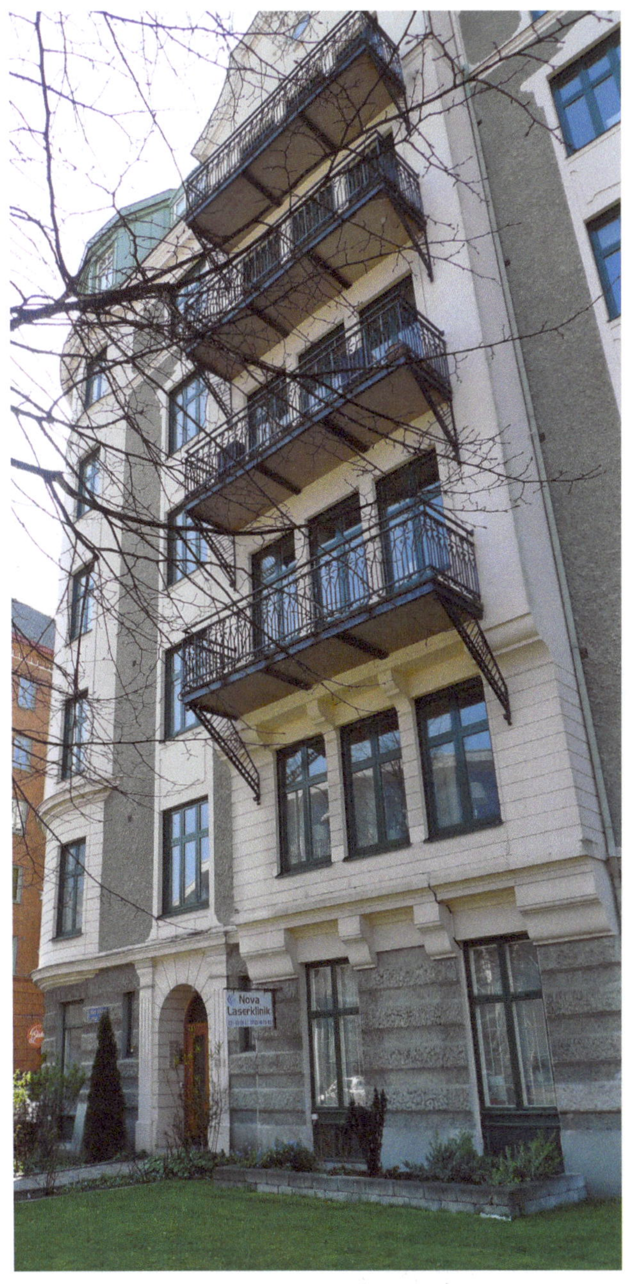

STEN STUREGATAN 25

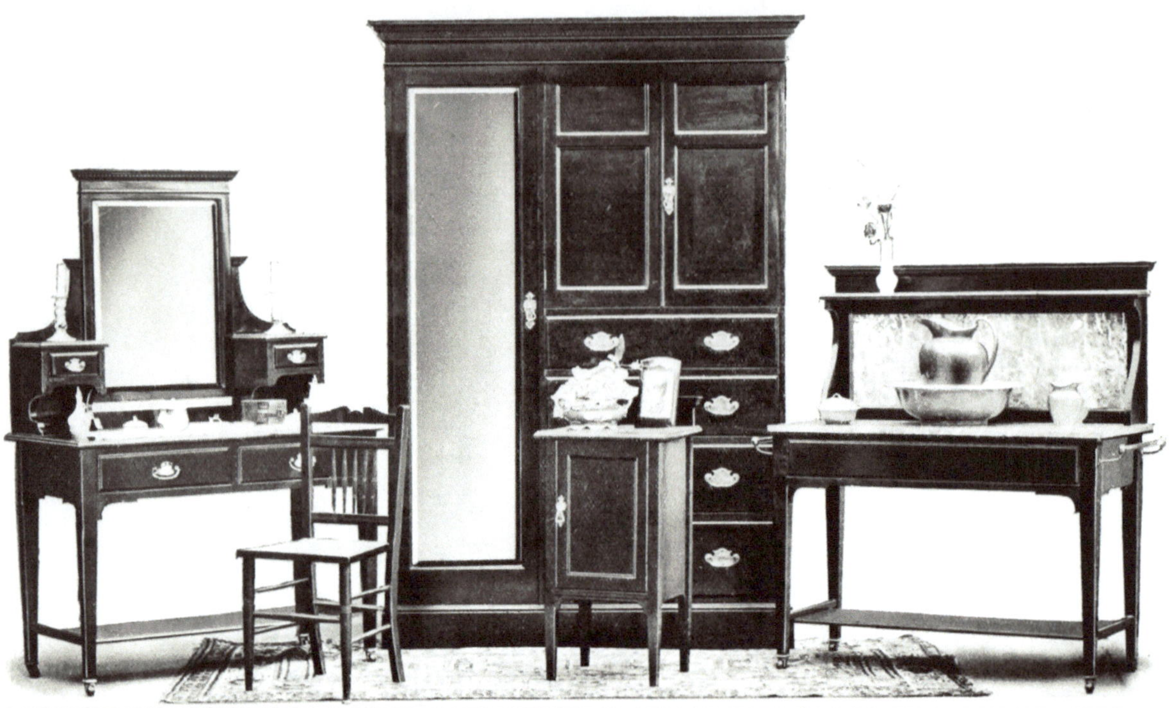

På sommaren 1909, hade Olga och Folke bråttom när de skulle välja möbler till sitt nya hem. De gjorde som unga ofta gjorde på den tiden, de köpte hela möblemang eller "rumspaket" som detta sovrumspaket från Londons Maple and Co. Från Folkes brev vet vi att paret valde en soffgrupp i läder.

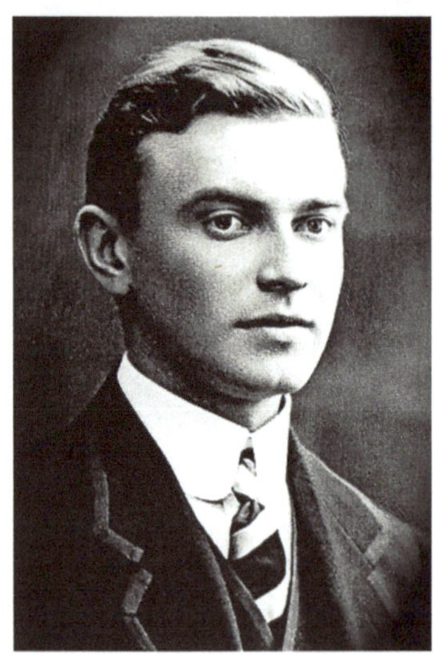

Vad broderade Folke åt Olga?

I september 1909, skriver Folke till Olga att han har börjat brodera något till henne. Det håller honom sysselsatt på kvällarna. Det skall bli en överraskning för Olga när de kommer hem efter smekmånaden. Men Folke har avslöjat att det är något till deras sovrum. En kudde kanske?

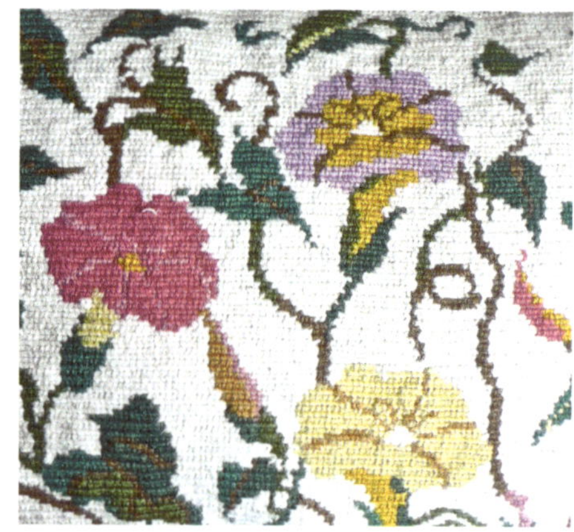

INREDNING AV DET NYA HEMMET

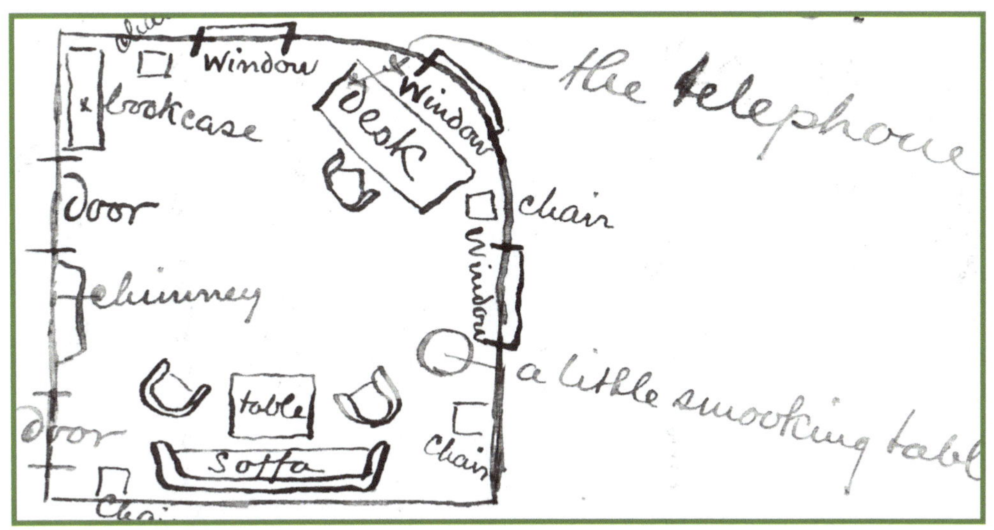

Skiss som Folke skickade Olga. Förslag på möblering av "rökrummet" i den nya lägenheten.

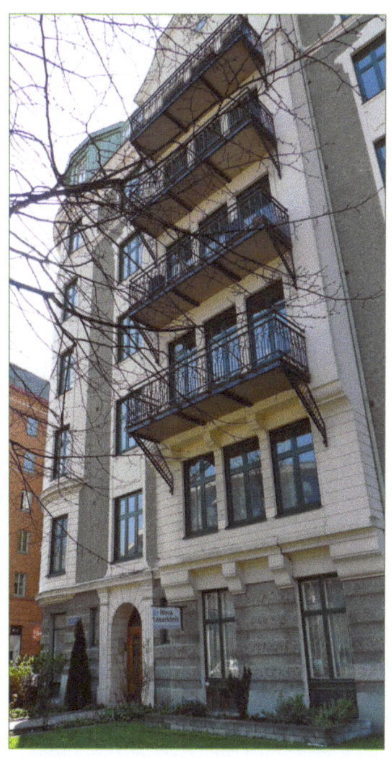

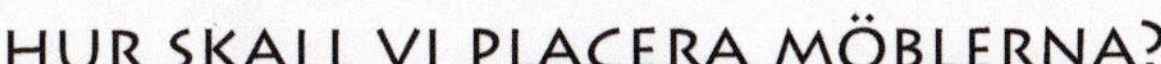

HUR SKALL VI PLACERA MÖBLERNA?

Folke ville gärna ha lägenheten färdig när de kommer hem efter bröllops-resan. De hade visserligen valt en del möbler tillsammans, men det var så mycket mer att ordna med. Olga har sett några intressanta lampor i Tyskland och Folke har förslag till möblering av rökrummet (se skiss ovan). Och var skall de placera telefonen? De skickar skisser och teckningar fram och tillbaka mellan Tyskland och Göteborg. De bestämmer sig klokt nog för att köpa taklamporna tillsammans när de kommer hem efter bröllopsresan.

Det är mycket detaljer att ordna med innan Folke ger sig av till Paris och bröllopet. Folke skriver till Olga om allt som måste ordnas: *"Alla glas, karaffer, bestick till köket, brödknivar, stolar till köket, korgar och ved till lägenheten och möbler till…jag skulle kunna fylla tjugo sidor med detta."* (Folke, den16 augusti 1909).

Folkes pappa, Axel, är både hjälpsam och generös vad gäller inköp av gardiner och mattor.

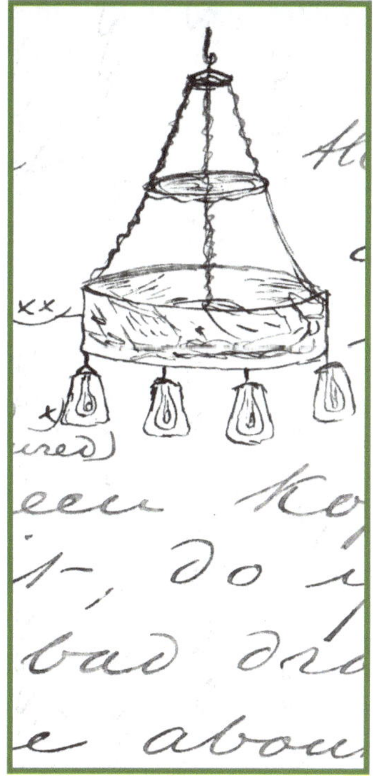

Folke borde egentligen arbeta, men...

I august 1909, två månader innan Folke skulle gifta sig i Paris, utbröt det en storstrejk i Sverige. Hela landet var lamslaget. Familjens sågverk kunde inte längre tillverka trävaror för export till England. Folke och hans pappa var sysslolösa under flera veckor.

Storstrejken 1909 var en stor förlust för arbetarna som inte alls hade planerat en strejk. Den började med att 80.000 arbetare blev lockoutade för att de inte godtog sänkta löner och fackföreningarna svarade med strejk. Men fackföreningarna kunde inte hålla ut länge, de hade inte mycket i strejkkassorna och arbetarna fick gå med på sänkta löner. En del fick inte jobben tillbaka och tvingades emigrera.
Folkes brev till Olga beskriver hur strejken utvecklade sig och hur den påverkade famljen -- och hur den till sist slutade. Göteborg hade vid den tiden en stor tillverkningsindustri och fabriksägarna var oroliga för attentat och hade vakter dygnet runt. Vanliga försäkringar ersatte inte brandskador orsakade av sabotage i samband med strejk och fabriksägarna fick teckna försäkringar utomlands och därmed betala enormt höga premier.

Läs mer i: **MY DARLING OLGA: Folke Jonsson Letters 1909-1961**

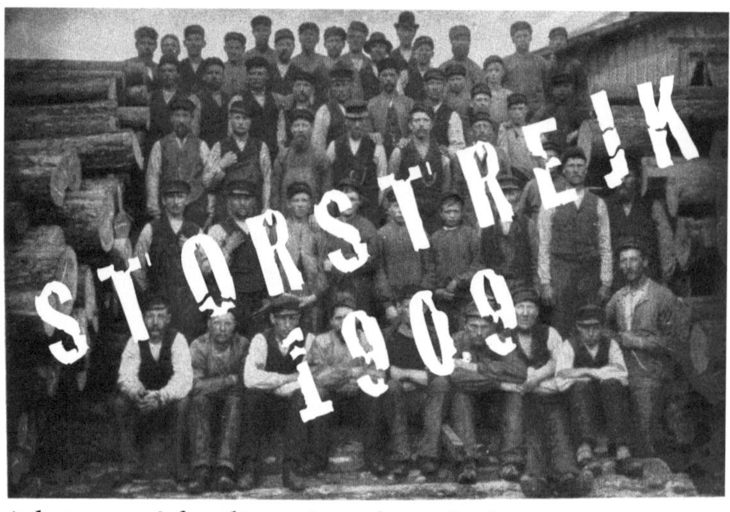

Arbetarna på familjens sågverk strejkade 1909 precis som alla andra arbetare i Sverige. Bara sjukhusen var igång.

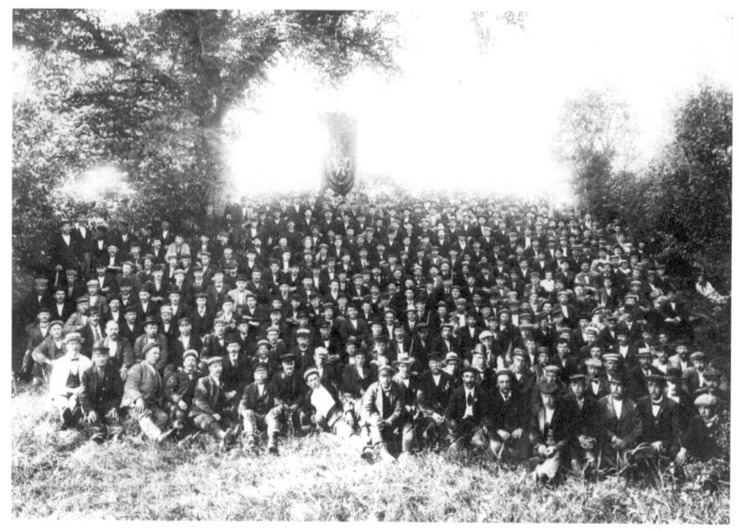
Lockoutade pappersindustriarbetare i Skutskär. (Folkrörelsearkivet för Uppsala län)

FAMILJEFÖRETAGET
JONSSON, STERNHAGEN & CO., AB
ETABLERAT 1872
GÖTEBORG

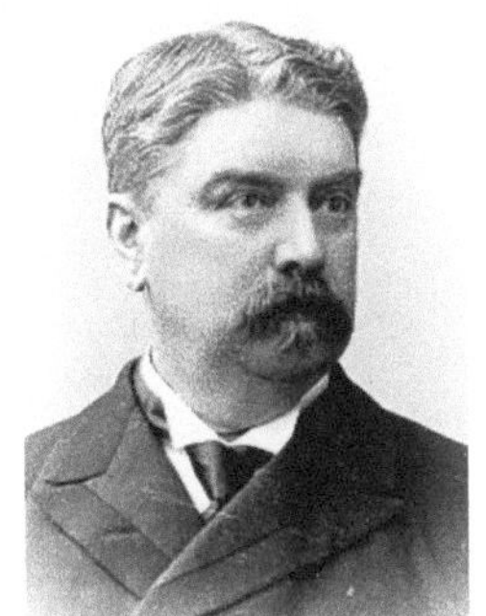
Axel Jonsson

JONSSON, STERNHAGEN & CO., bildades av Folkes far, Axel Jonsson, och hans kompanjon Harald Sternhagen. Företaget hade olika verksamheter, bl.a exporten till England av trävaror som var mycket framgångsrik. England som hade alla sina kolonier intakta var expansivt och en köpstark medelklass krävde nya bostäder. Det passade bra för Jonsson, Sternhagen & Co., som hade ett av de modernaste sågverken på marknaden.

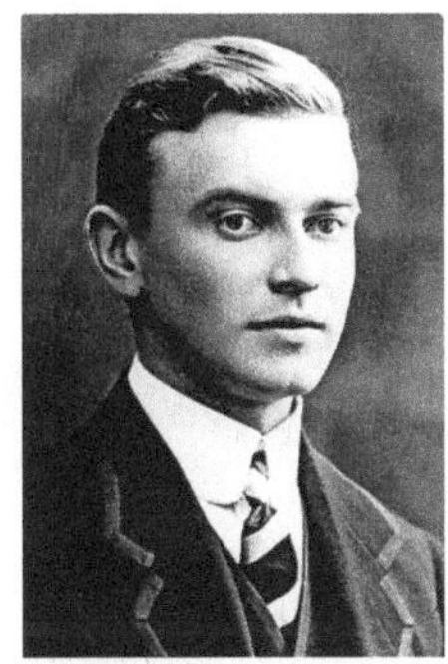
Folke Jonsson

LATHS
En stor exportframgång var "laths". Det var smala ribbor som användes till väggar och tak inomhus. Ribborna spikades på träreglar och sedan applicerades puts. Processen kallas "lath and plaster". Idag använder man istället gipsskivor. Axel Jonsson reste över hela England och sålde "Swedish laths" som var av hög kvalitet men tillverkade av spillvirke och betydligt billigare. Jonsson Sternhagen hade mer eller mindre monopol på den engelska marknaden.

PIT PROPS (höger)
Pit props var också en viktig vara. De användes i engelska kolgruvor för att förhindra ras.

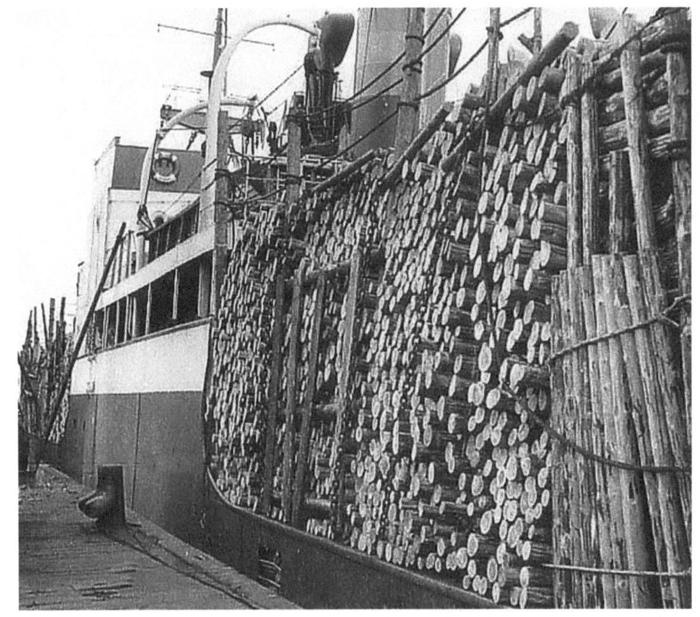

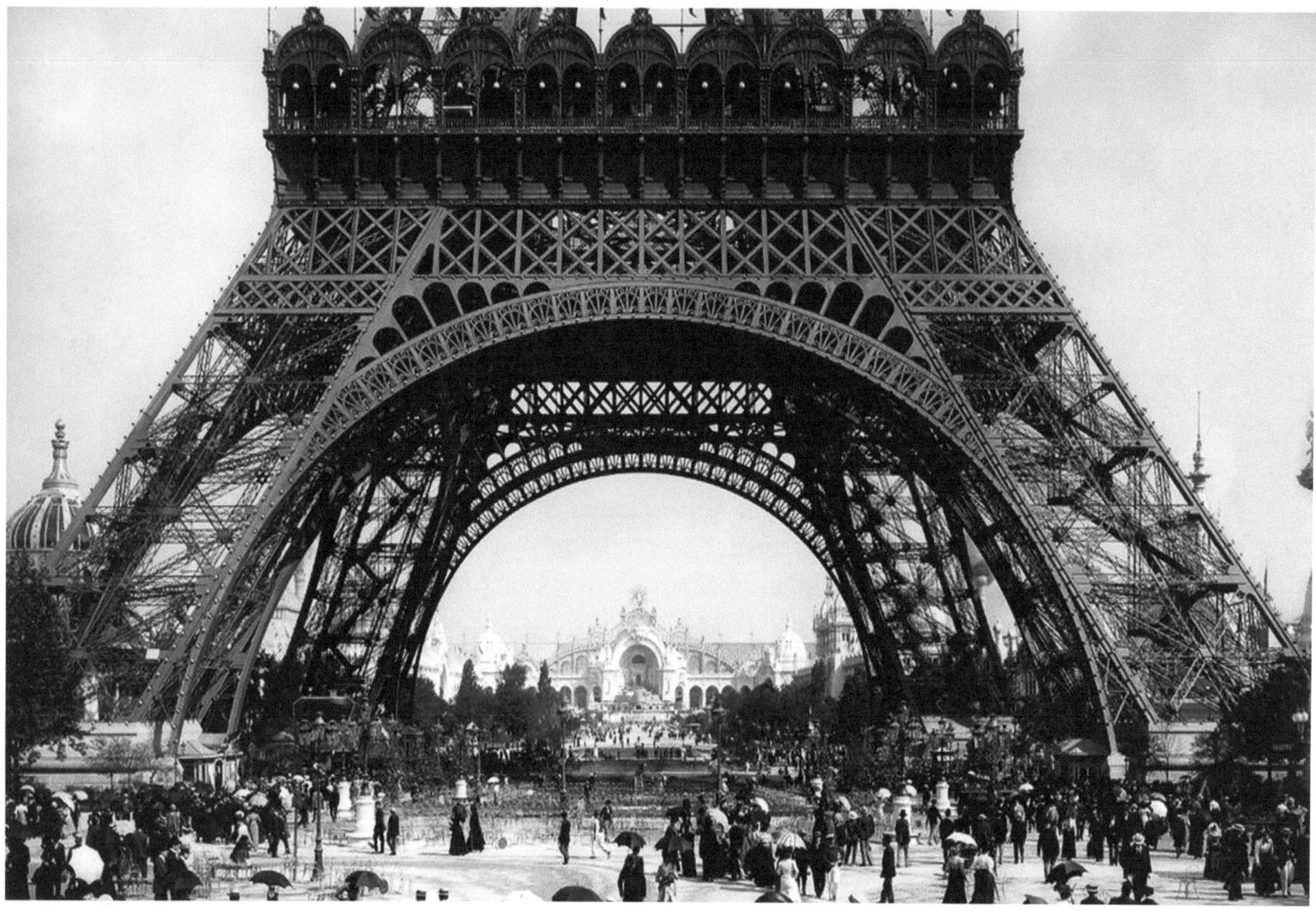

Folke hade friat till Olga på Eiffeltornet och de hade många lyckliga minnen från Paris och bestämde sig därför för att gifta sig där. Men det var lättare sagt än gjort.

Om två utlänningar önskade gifta sig i Paris, måste en av dem visa att den bott i landet i 30 dagar. Ansvaret föll på Olga som reste från Bryssel till Paris för att uppfylla det kravet.

Artonåriga Olga reste utan "förkläde" till Paris och tyckte att det var riktigt spännande att anlända helt ensam till järnvägsstationen Gare du Nord i Paris.

Olga bodde inte hos någon av de äldre damerna som familjen kände utan hon tog in på ett pensionat på 10, Rue Chalgrin där familjen tidigare bott under hennes studietid i Paris. Madame Petiot där välkomnade Olga med öppna armar. ***"De tyckte att jag var samma vildbase som sist"*** skrev Olga till Folke. Hon skickade honom en lång lista på olika certifikat som han måste skicka, alla översatta till franska. Men det var inte nog med det...

Läs mer i: **MY DARLING OLGA: Folke Jonsson Letters 1909-1961**

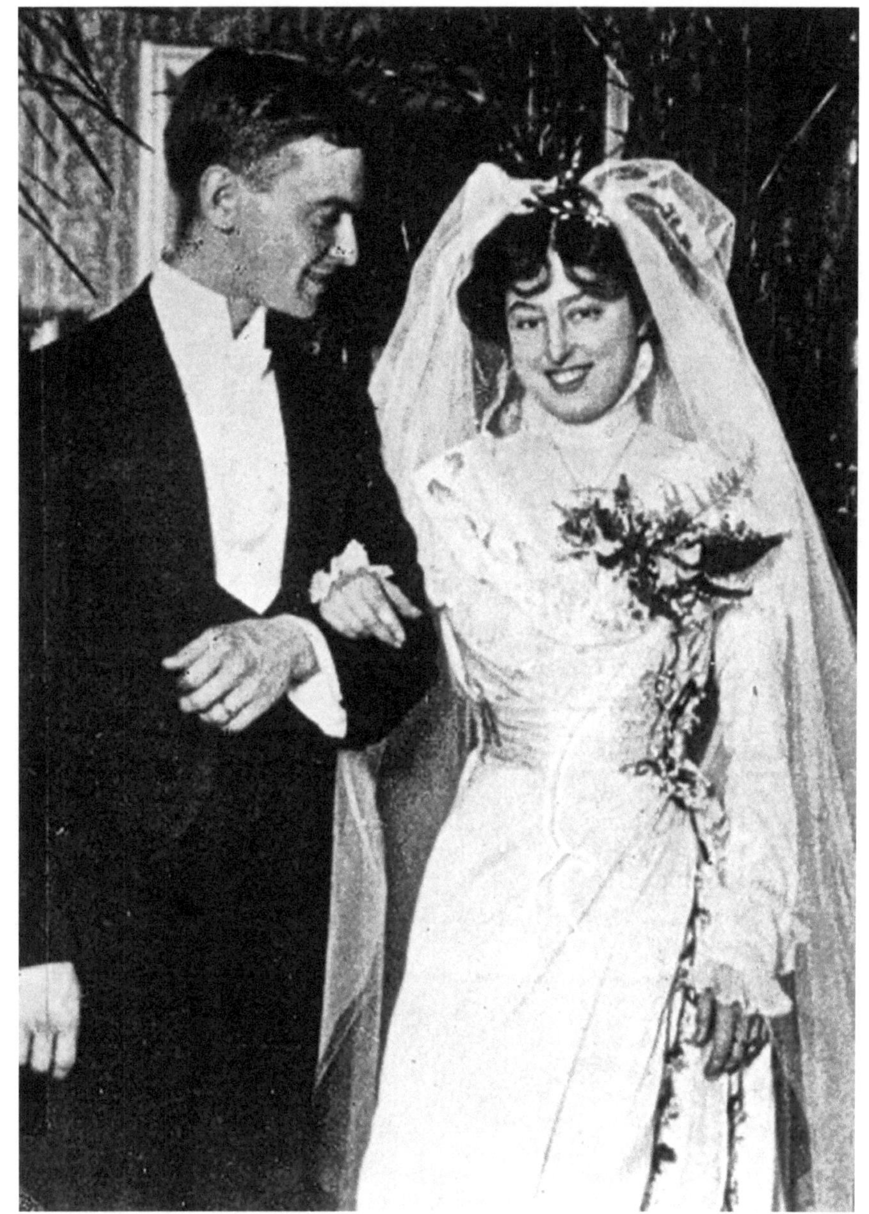

GIFTA I PARIS
DEN 18 OKTOBER 1909

OLGA OCH BARNEN RESER TILL FLORIDA

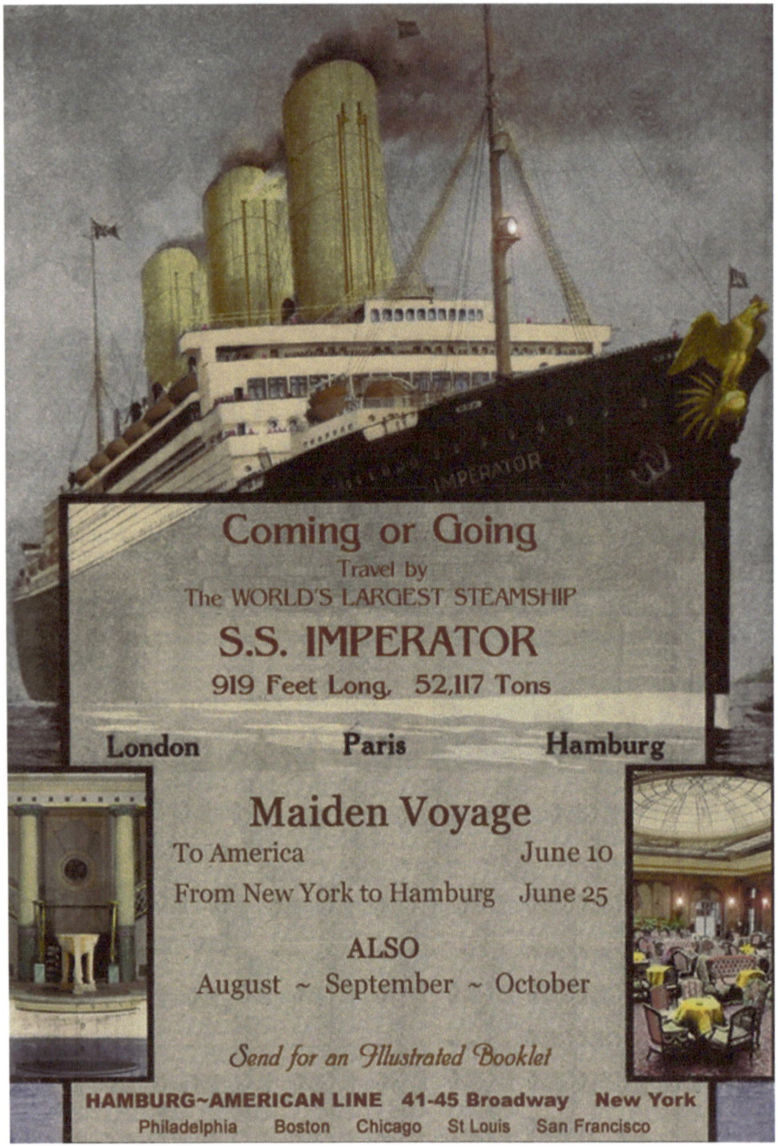

Coming or Going
Travel by
The WORLD'S LARGEST STEAMSHIP
S.S. IMPERATOR
919 Feet Long, 52,117 Tons
London Paris Hamburg
Maiden Voyage
To America June 10
From New York to Hamburg June 25
ALSO
August ~ September ~ October
Send for an Illustrated Booklet
HAMBURG~AMERICAN LINE 41-45 Broadway New York
Philadelphia Boston Chicago St Louis San Francisco

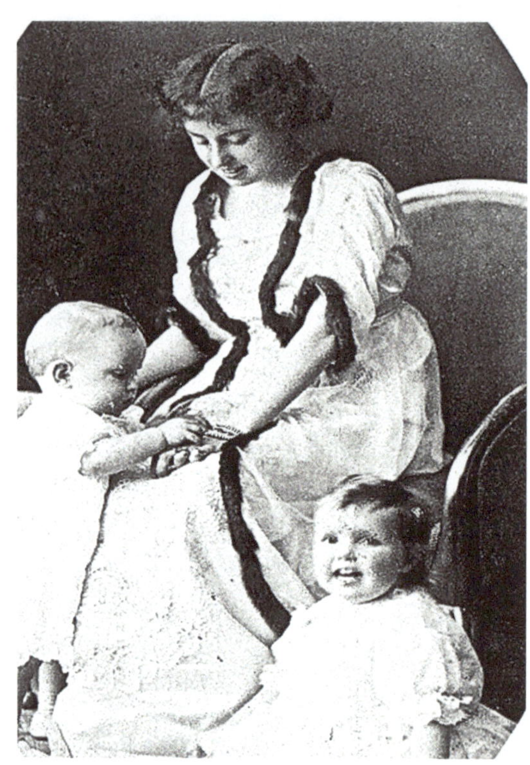

I september 1913, påbörjade Olga och två barn (Anita tre, och Billy två) en resa till Florida tillsammans med barnsköterskan syster Ida. De skulle besöka Olgas föräldrar. De tog tåget till Hamburg där det största och lyxigaste fartyget i världen, S.S Imperator, tog dem till New York. Ombord på det pampiga fartyget fanns en målning av den tyske kejsaren i full militär mundering som blickade ut över alla som passerade honom i den magnifika trappan.

I Florida gjorde Olgas föräldrar allt för att hon och hennes barn skulle ha roligt med dagliga utflykter till stranden och annat spännande på kvällarna.

KOMMER OLGA HEM TILL JUL?

Den fyra månader gamla Mary Carita lämnades kvar i Göteborg med Folke och en barnsköterska. Folke insåg inte hur svårt det skulle bli att vara utan sin fru och de andra barnen. Han var uppgiven och skrev nästan varje dag och vädjade att Olga skulle komma hem. Tiden gick otroligt långsamt för honom.

Olga hade sagt att hon hade för "avsikt" att komma hem före jul och Folke hoppades innerligt att hon skulle göra det, men han anar oråd.... Läs mer i **MY DARLING OLGA:** Folke Jonsson Letters 1909-1962

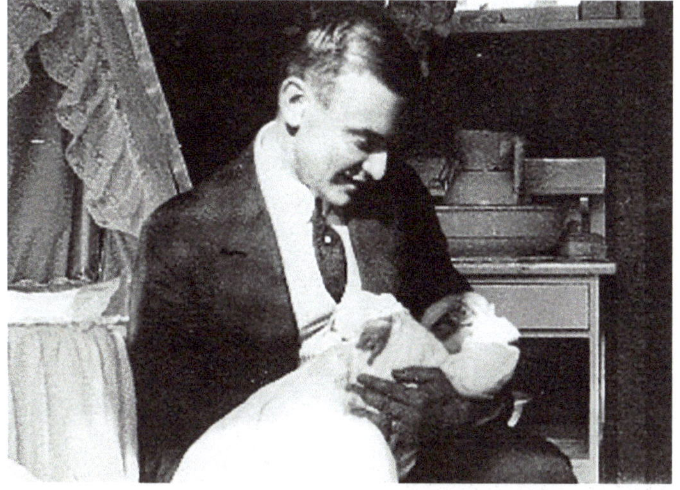

Tack Tack för ditt bref af 3:dje Nov.
Göteborg, 15 Nov.

Min egen outsägligt älskade. —

Här sitter nu din lille "baby" ensam i vårt nya hem och älskling du vet icke hur tomt och ledsamt allt är här hemma utan dig. — Jag ber till Gud hvarje dag att han måste gifva dig kraft att svara mig att du kommer hem till Jul, med våra två älskade barn. — Vi skola ej tala mer därom, jag hoppas o hoppas, och tror ej att du

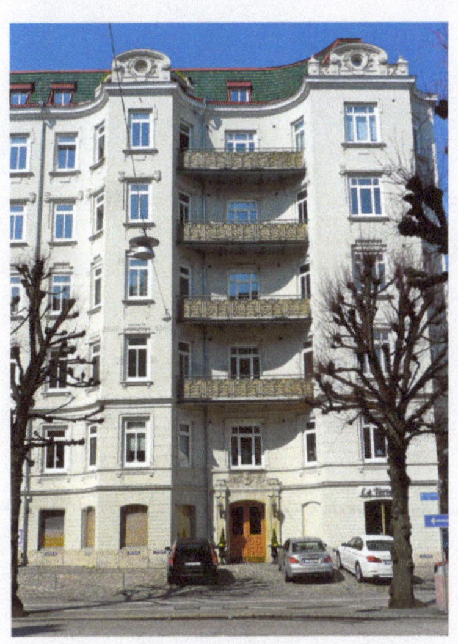

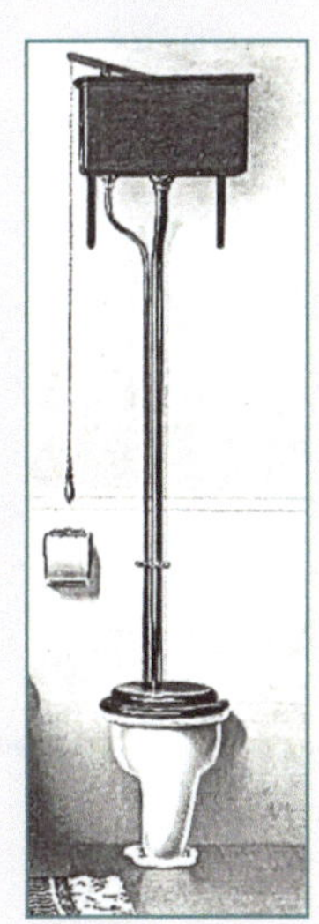

Parets nya lägenhet på Berzeliigatan 26 är snart färdig och Folke sköter renoveringen och det praktiska inför inflyttningen. Folke skriver stolt att de nu kommer att få något modernt i den nya lägenheten: ***"En vattenklosett. Är det inte fantastiskt!"*** Det var först 1907 som toaletter fick anslutas till stadens avlopp.

ETT NYTT HEM PÅ SÄRÖ

Folke hade valt ut en kal halvö på Särö som lämplig plats för ett hus. Det var inte precis i hjärtat av Särö där de förnämsta familjerna bodde. Den här placeringen var lite mer avsides och det fanns gott om utrymme för Olgas och Folkes nya hem.

Olga undrade hur man kunde bygga ett hus på denna kala halvö, men hon drogs med av Folkes entusiasm. När huset var färdigt 1918, var det omgivet av många trappor och terasser som fyllts med jord och planterats med träd och buskar. Mycket snart skulle den kala halvön grönska för fullt.

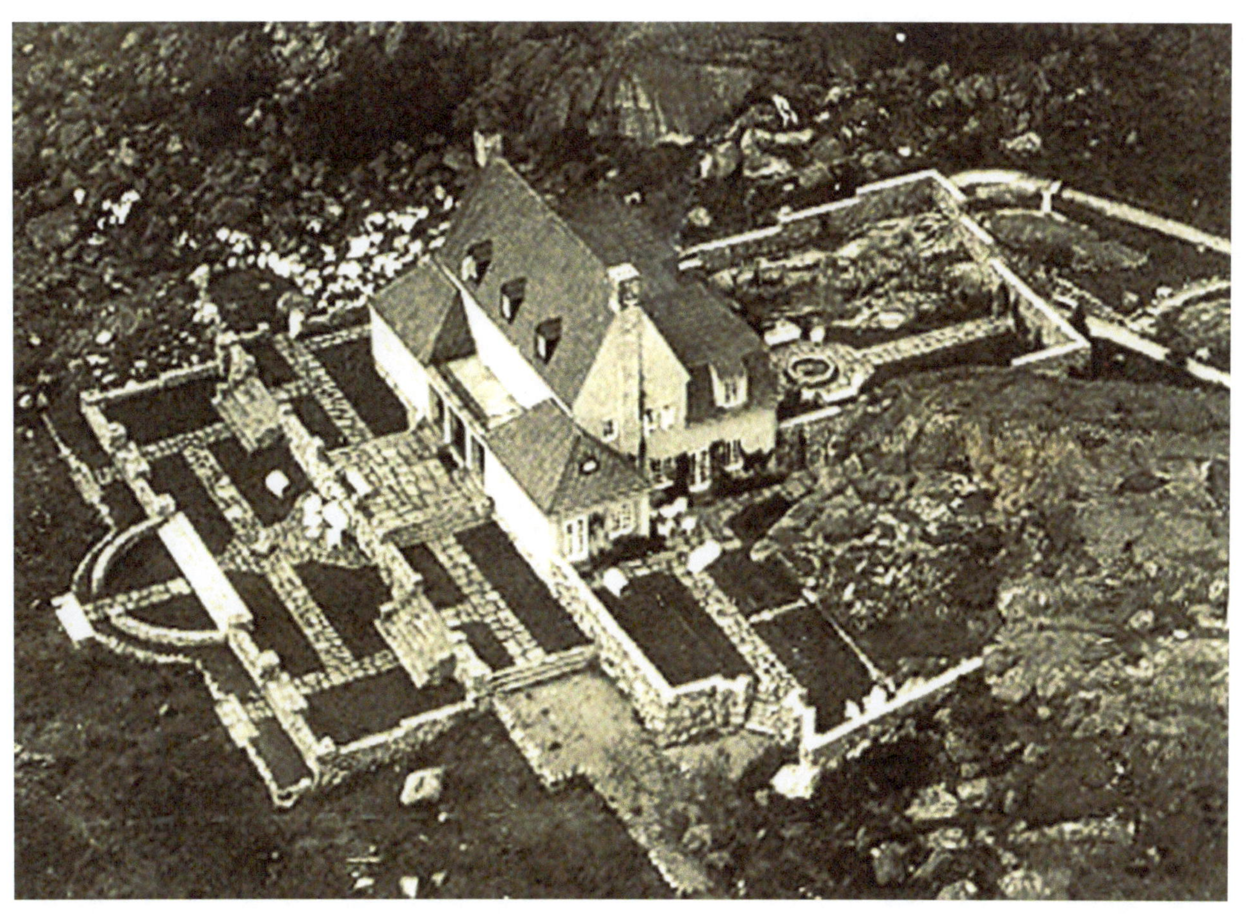

1918
LYSHOLMEN

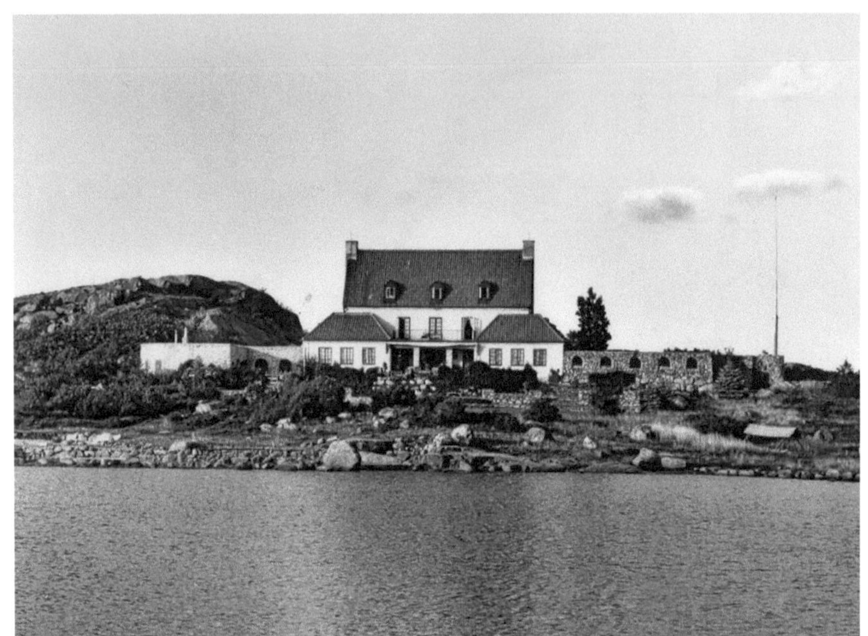

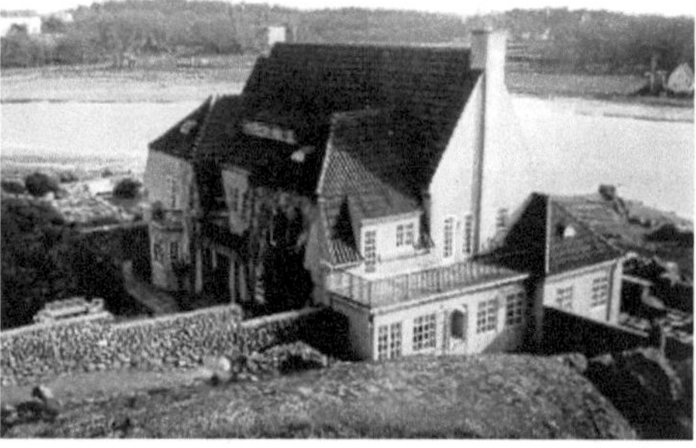

Lysholmen fick hämta sitt vatten långt bort ifrån. Ett pumphus vid den allmänna vägen försåg Lysholmen med vatten från en aldrig sinande brunn.

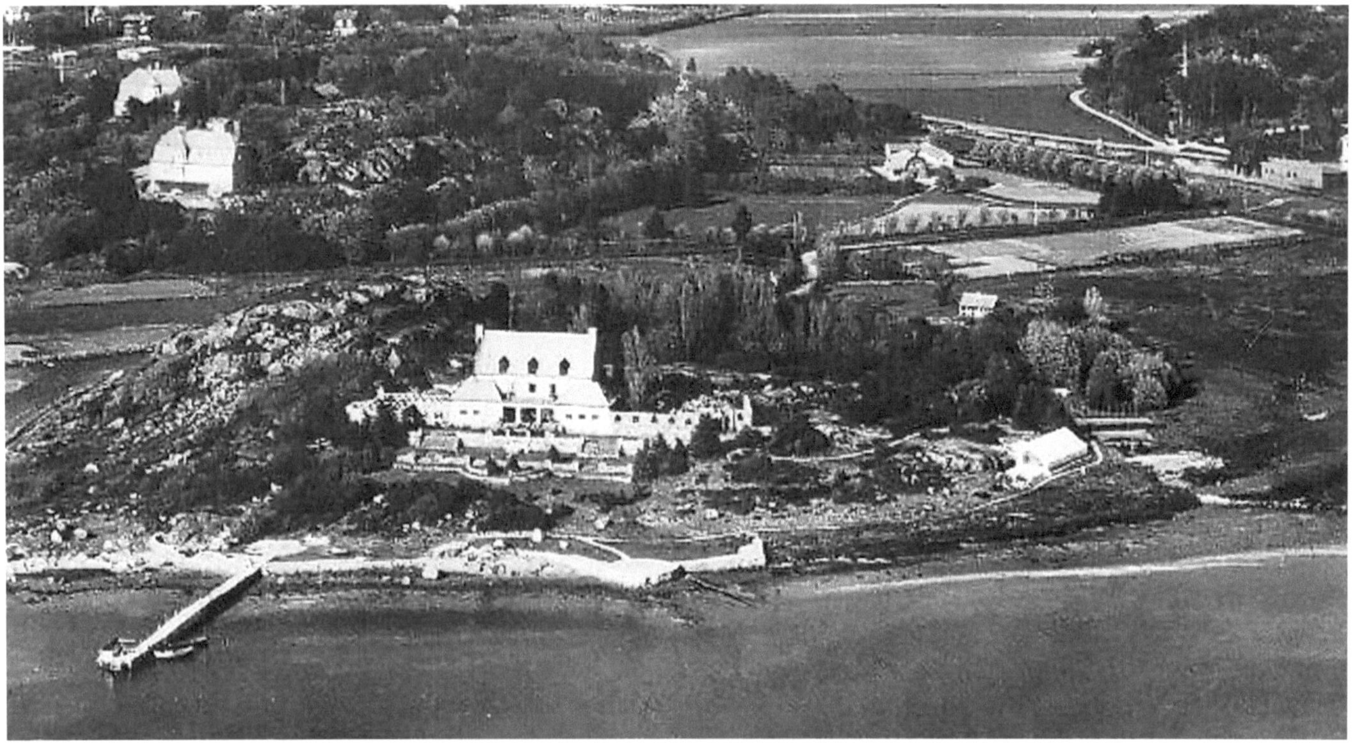

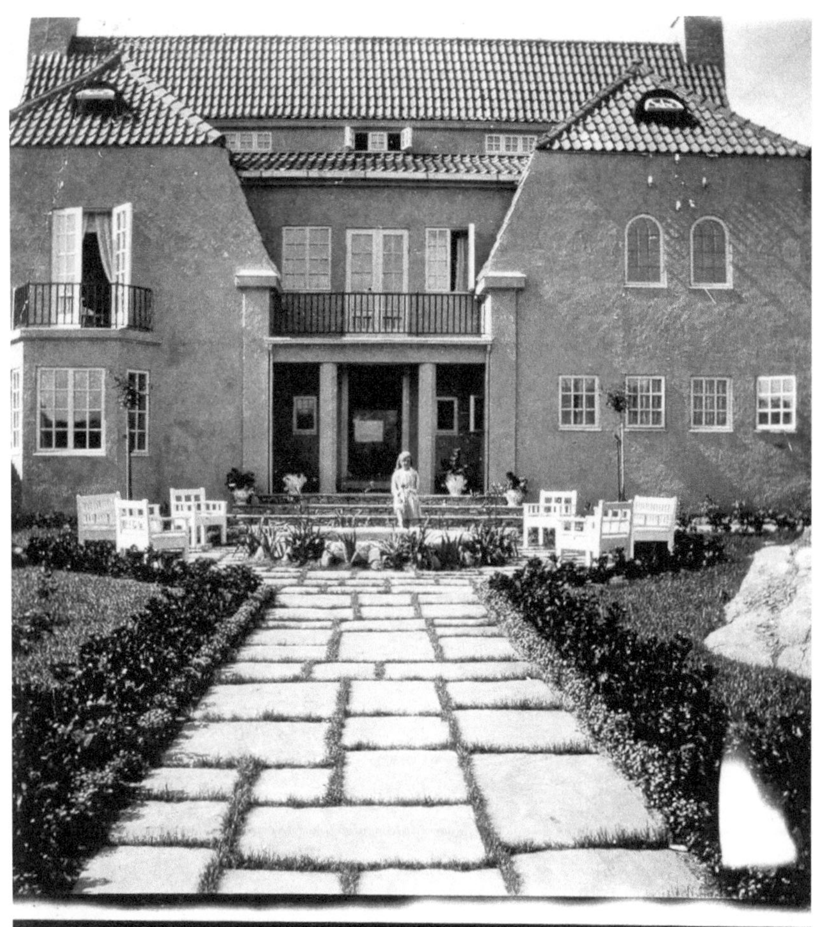

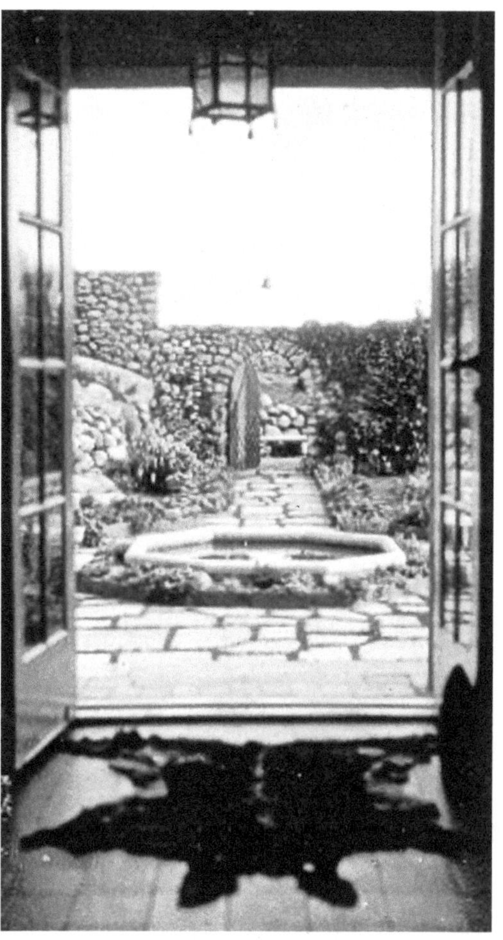

ALLTID ÖPPET HUS PÅ LYSHOLMEN

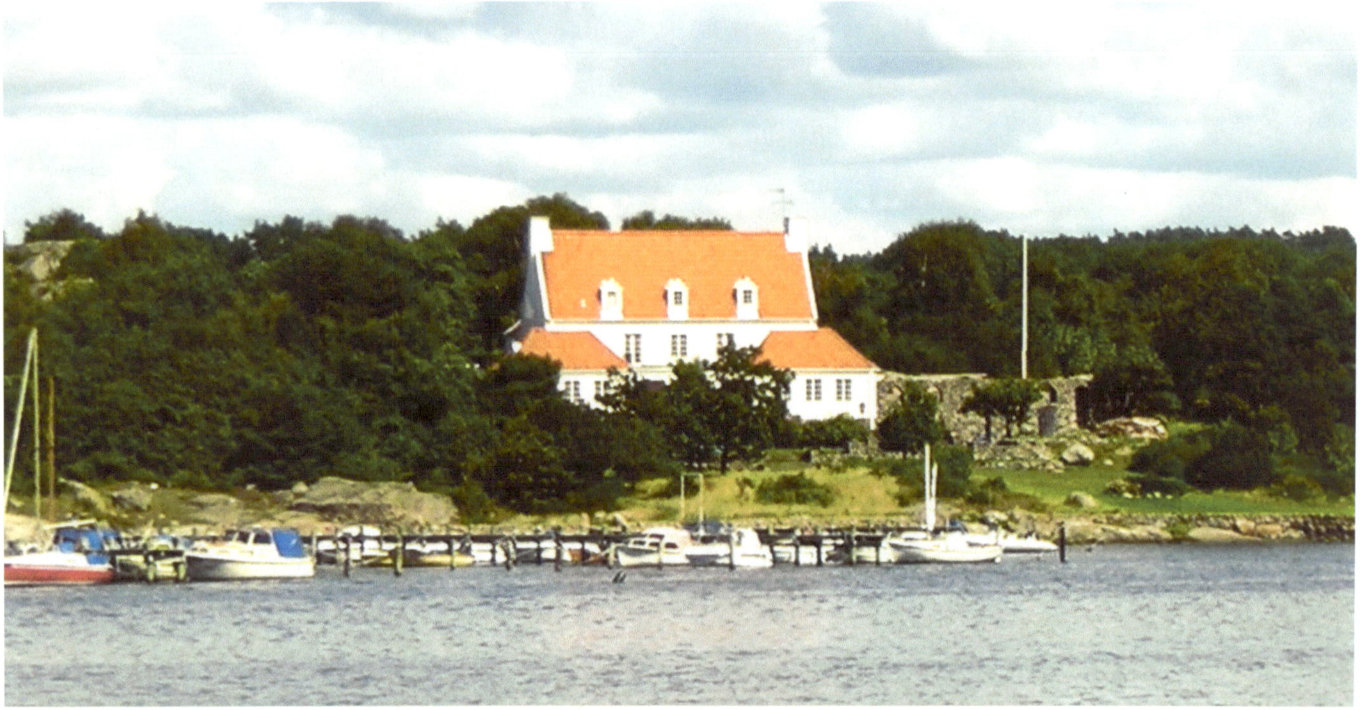

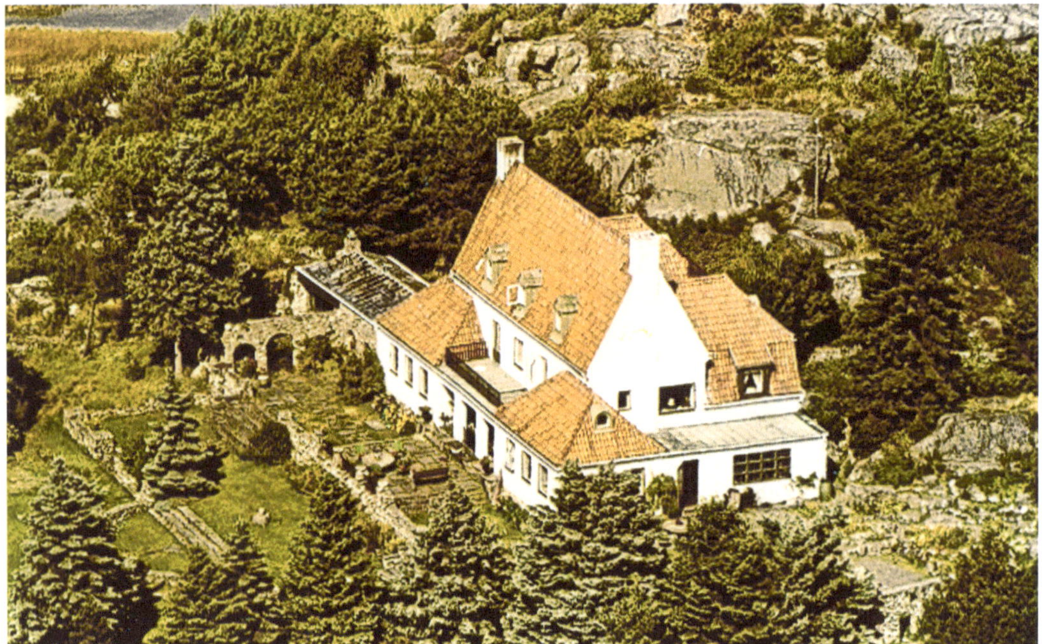

Det imponerande huset i tre våningar blev Olgas och Folkes hem livet ut. Det var det perfekta hemmet för paret och deras nio barn.

Stengården var en tillbyggnad till matsalen som uppfördes i samband med dottern Anitas bröllop 1934 (se nedan). Då fanns där ett platt tak, golv och värmeelement. Senare gjordes det hela om till uterum med glastak och stenplattor och planteringar. Det var härligt där i början på våren. Då hämtades frostkänsliga växter upp från källaren där de bevarats i tryggt förvar under vintermånaderna. Nedan: Bakom flickan ser man den ursprungliga, större omfattningen av "Stengården", och den del som revs vid ombyggnaden.

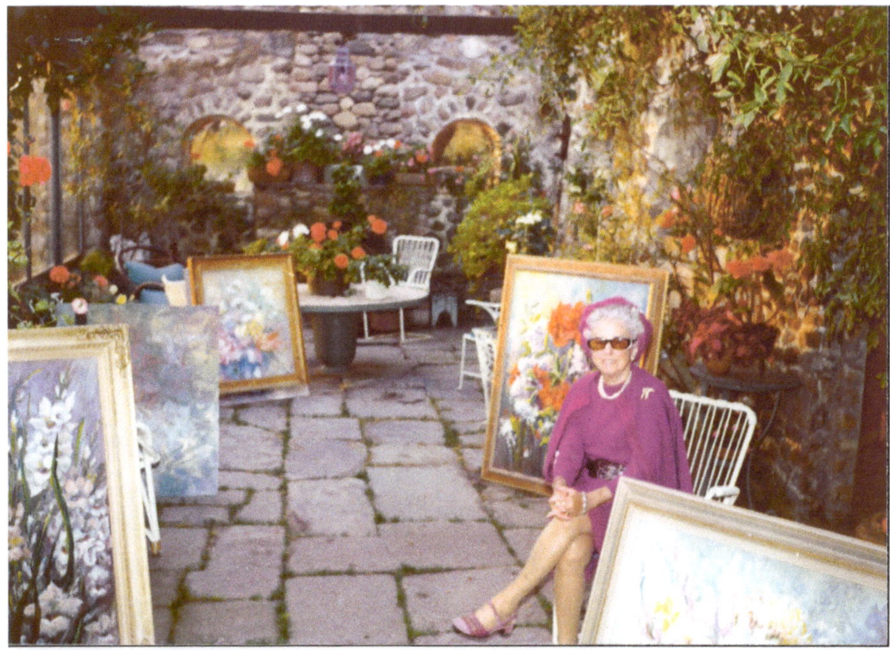

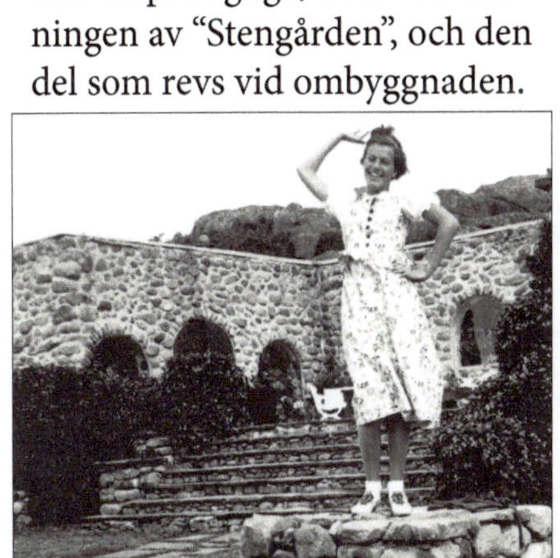

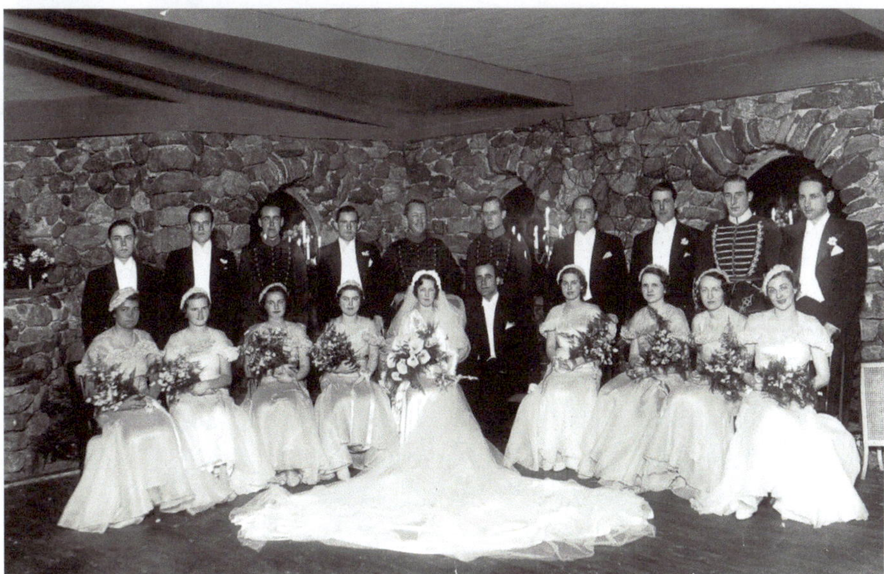

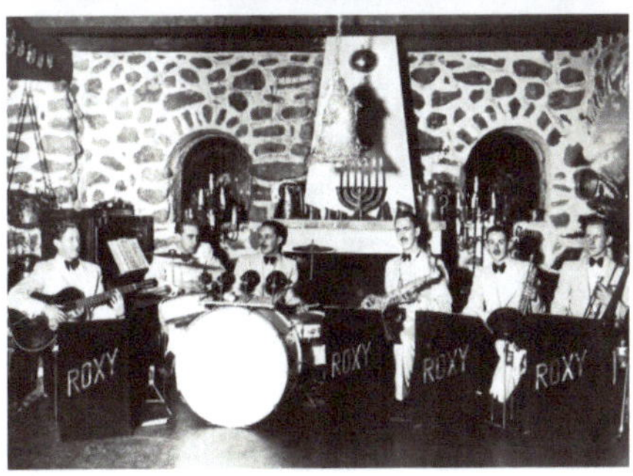

Dottern Anitas bröllop 1934. Rummet hade golv och tak och var stort nog att rymma en orkester på ena sidan. Året därpå var det dags för dottern Sonja att gifta sig här. Vänster: Orkestern "Roxy" i det utrymme som senare revs i samband med att Stengården blev uterum.

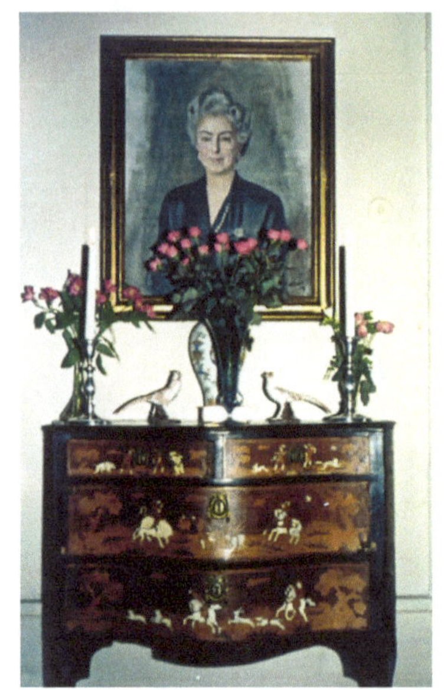

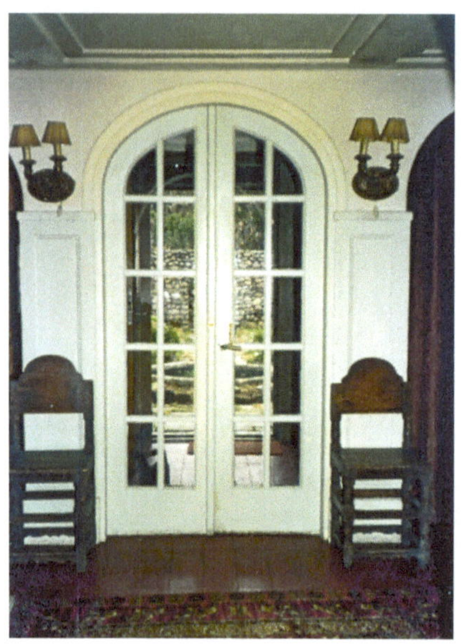

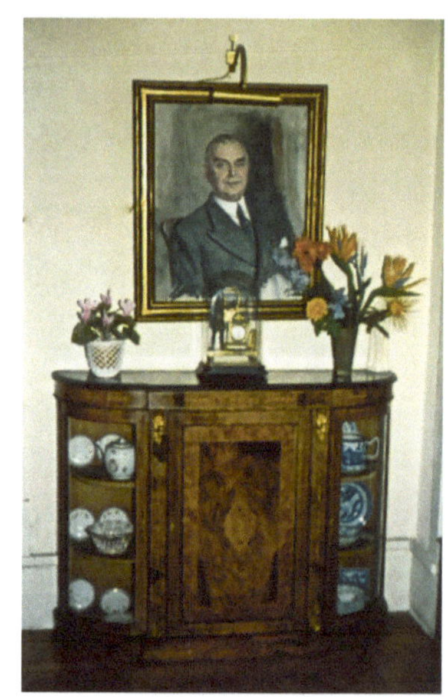

HALLEN

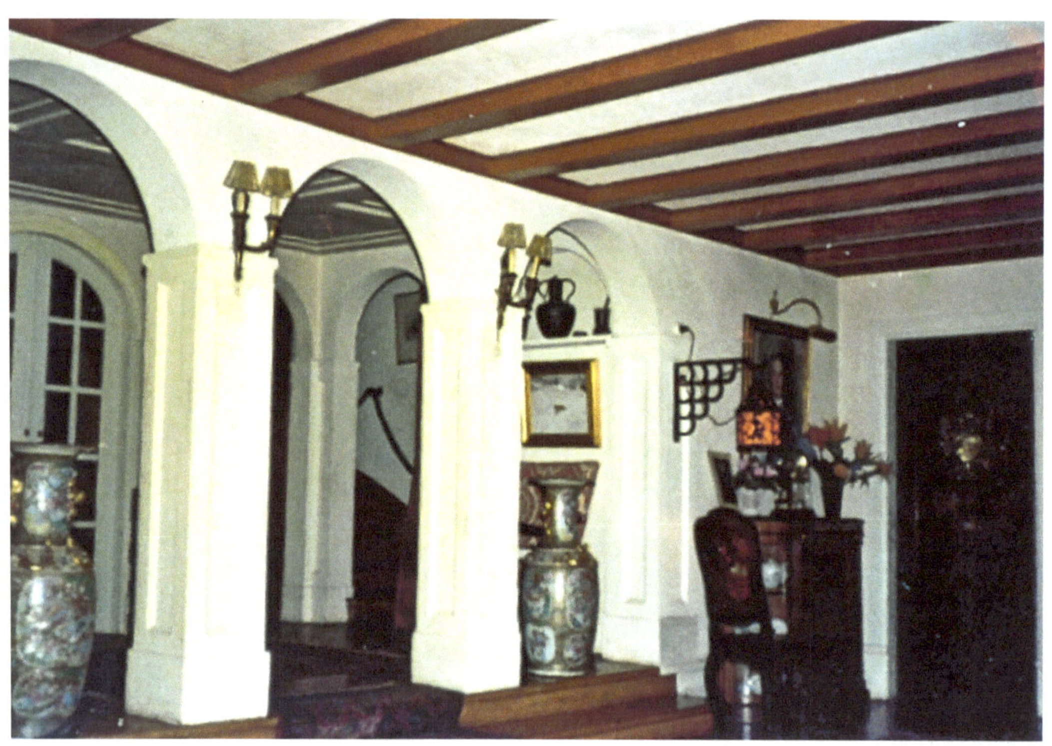

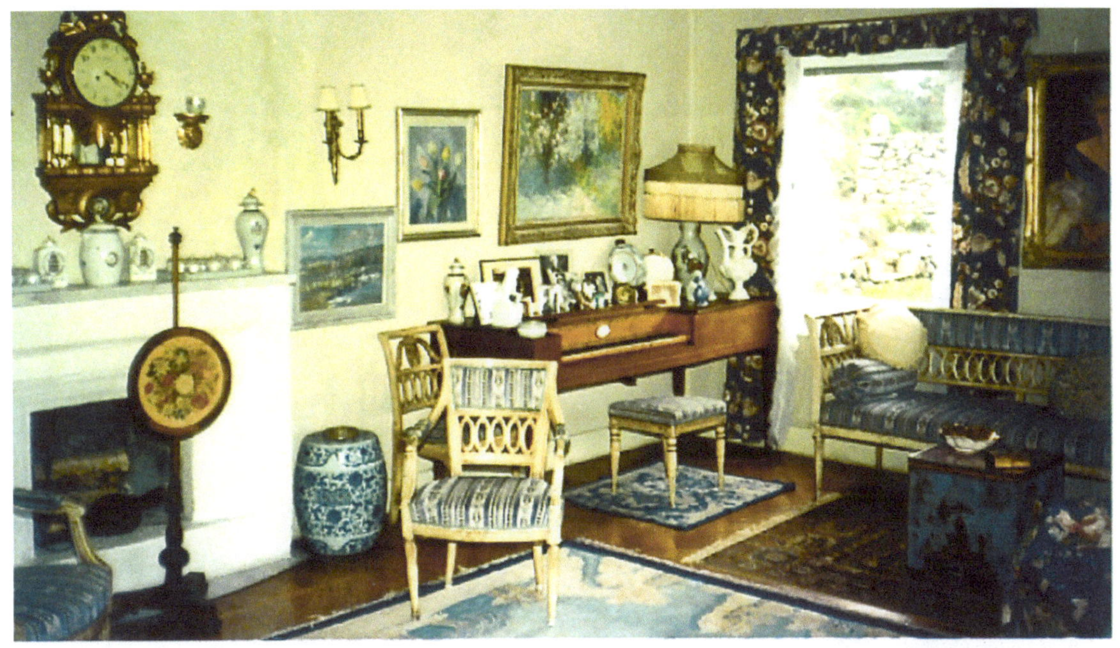

SALONGEN

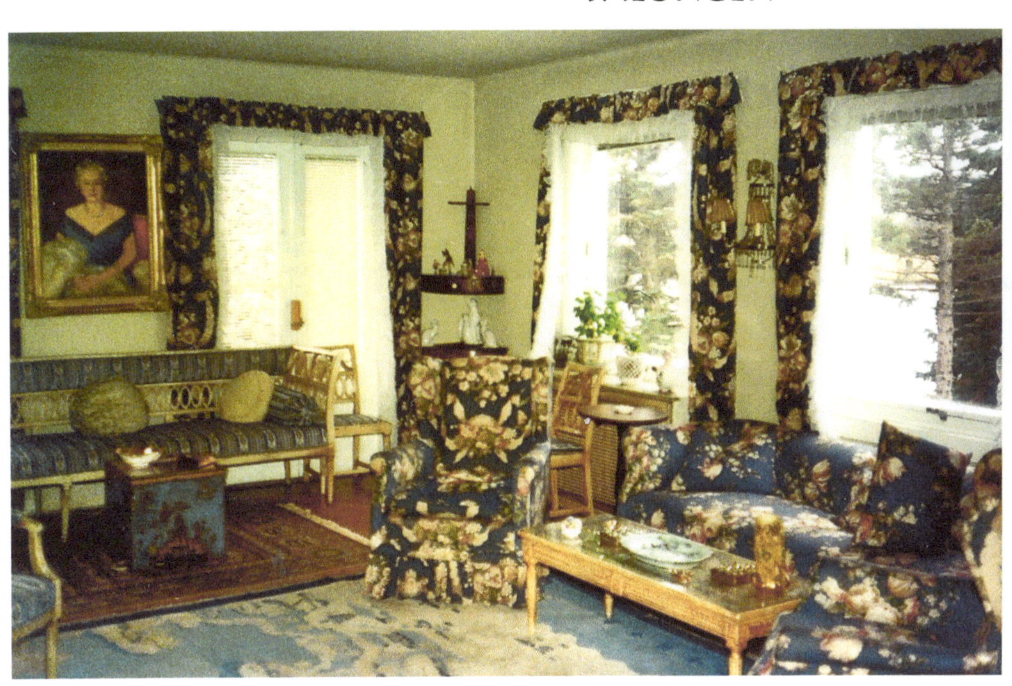

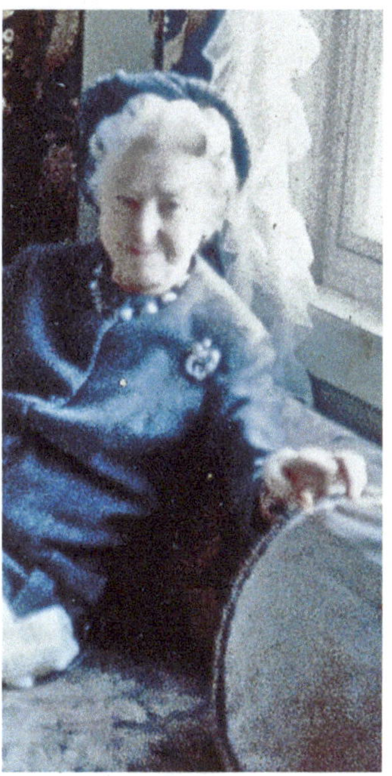

MATSALEN

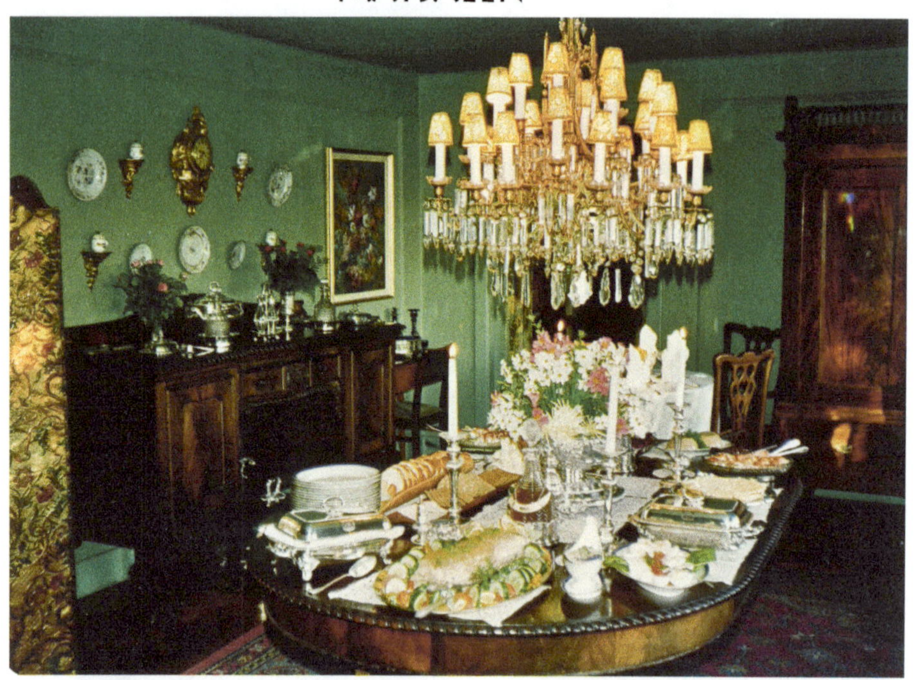

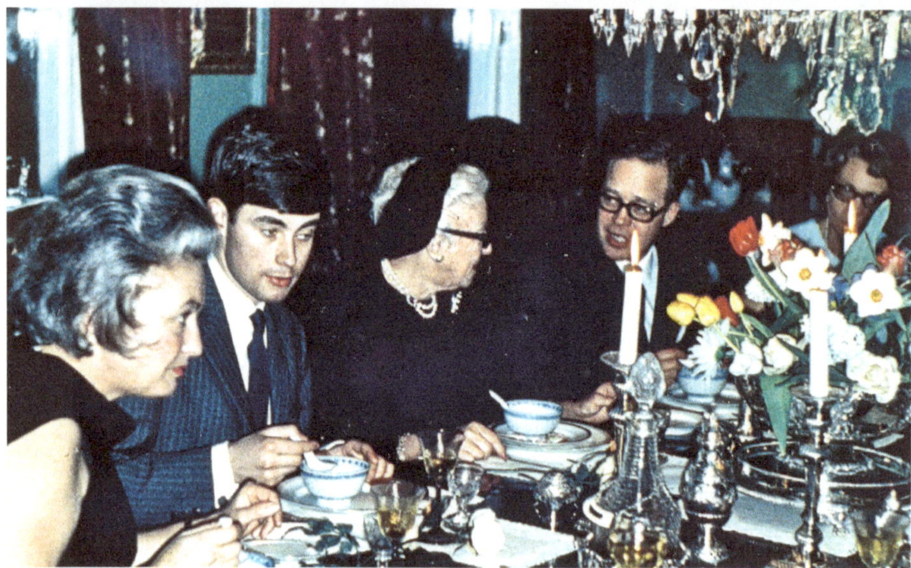

Från vänster: Gunilla Hellström, Leif Södergren, Olga, Ulf Hellström och Maj Atterbom.

VARDAGSRUMMET

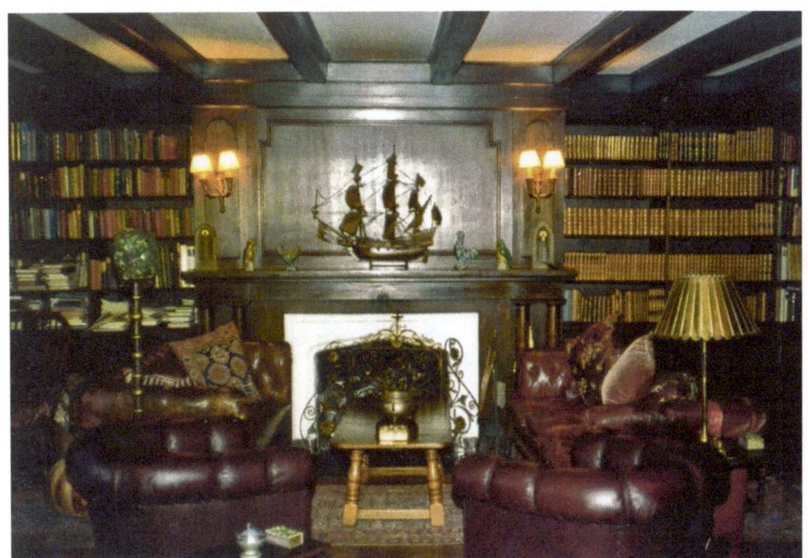

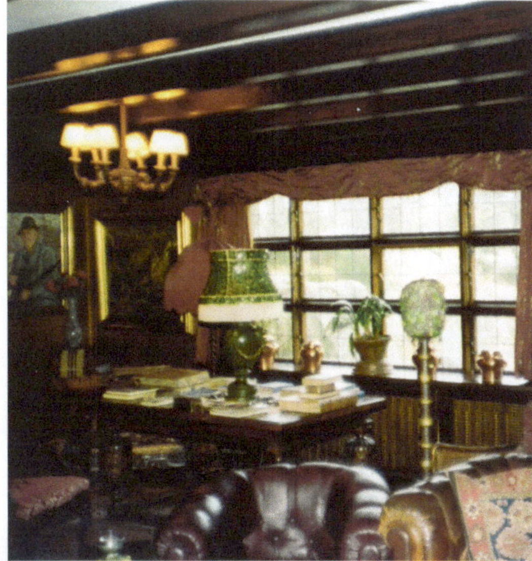

Vardagsrummet var från början ett biljardrum, men byggdes om runt 1930 och blev då ett engelskt-inspirerat vardagsrum i Tudorstil. Möblerna av ek tillverkades av en lokal snickare.
Väggen till höger har en världskarta som Olga har applicerat med s.k. "upphöjningsmassa", något hon använde i sina kinesiska lackarbeten. Väggen målades sedan med guldfärg och "antikbehandlades" för att ge effekten av en guldlädertapet.

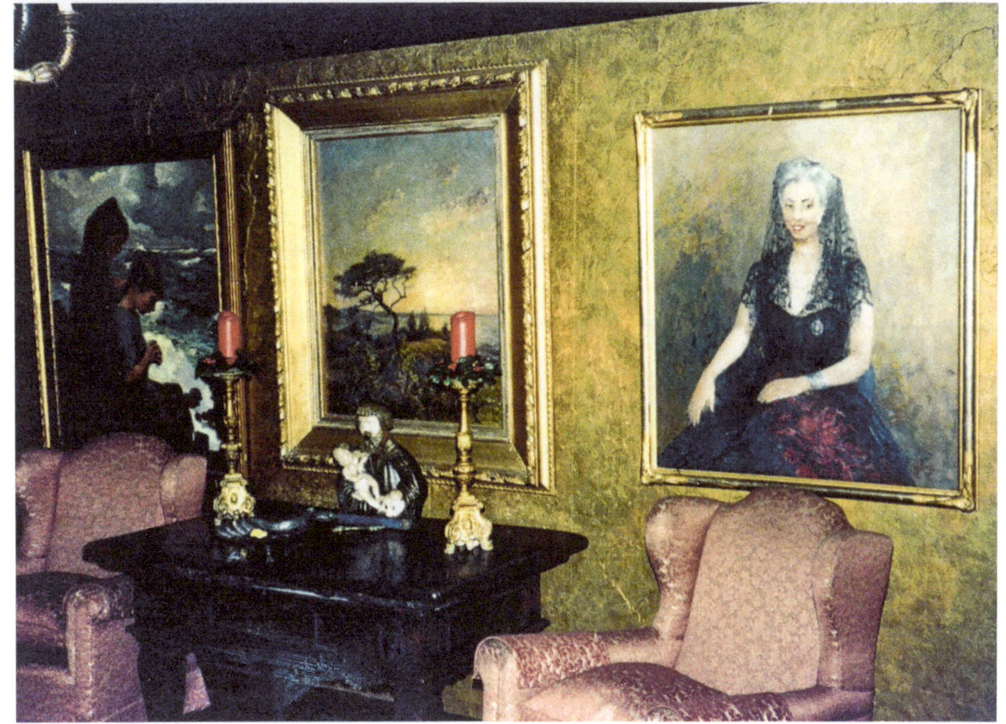

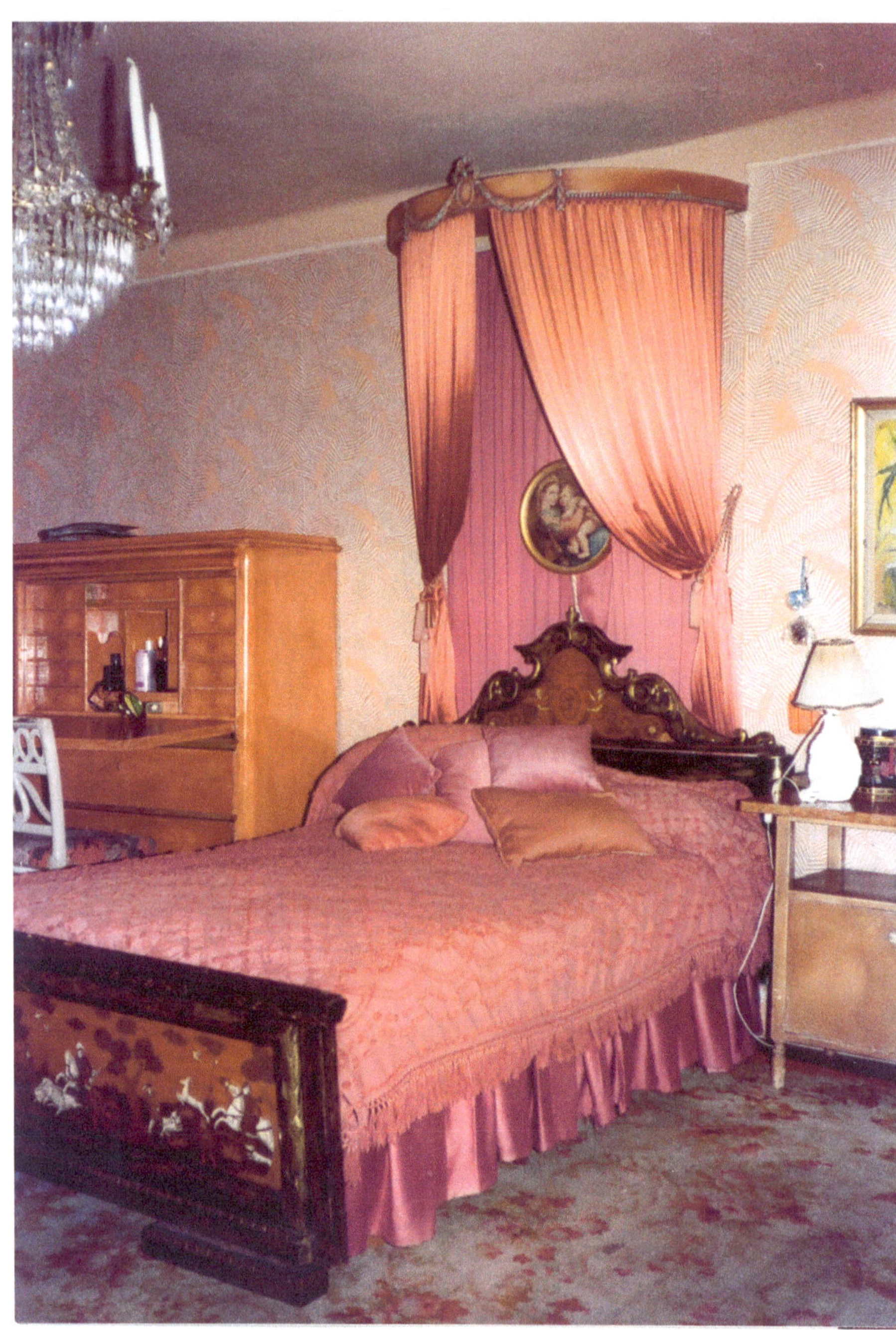

MASTER
BEDROOM

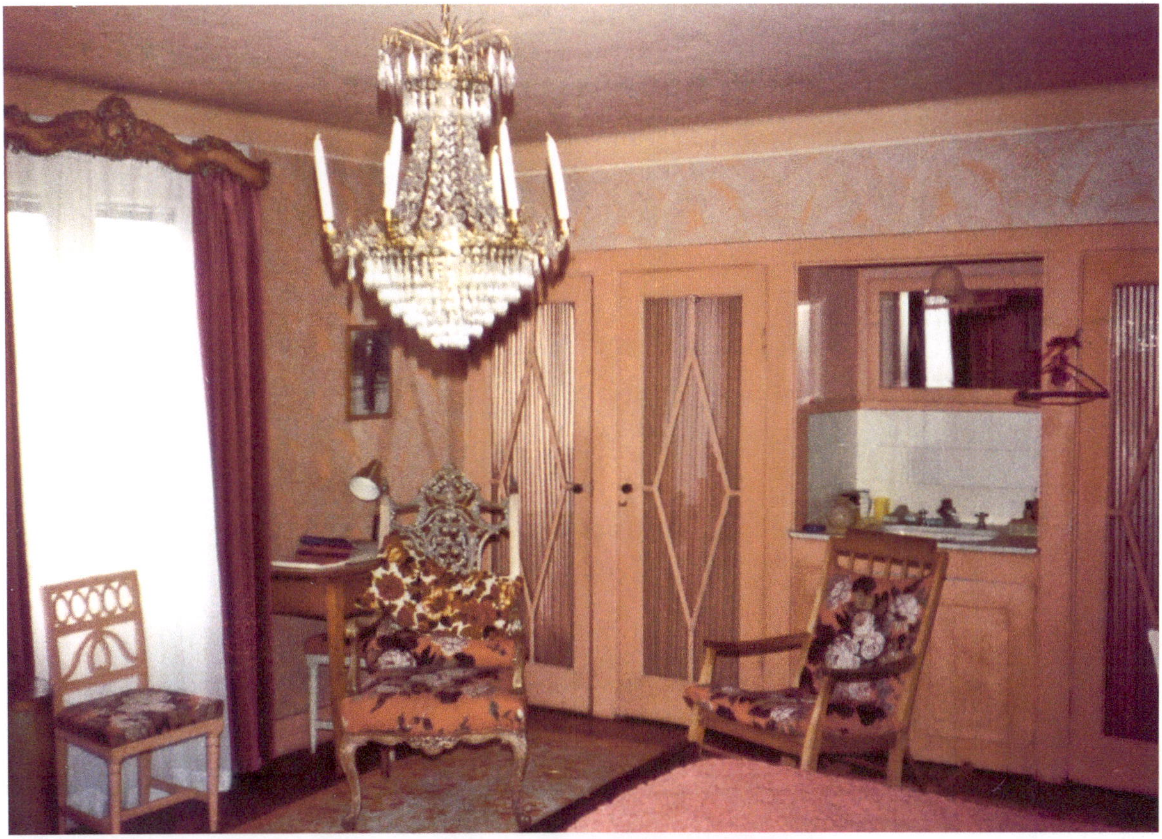

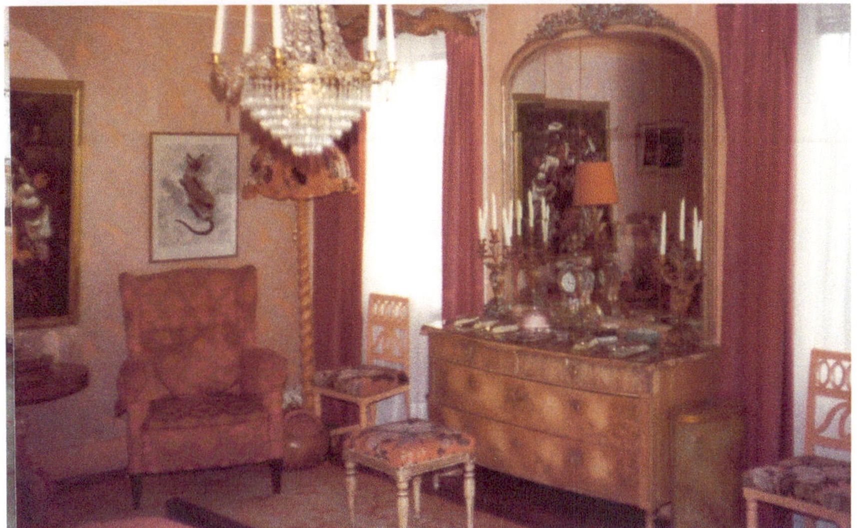

Olga på äldre dagar.

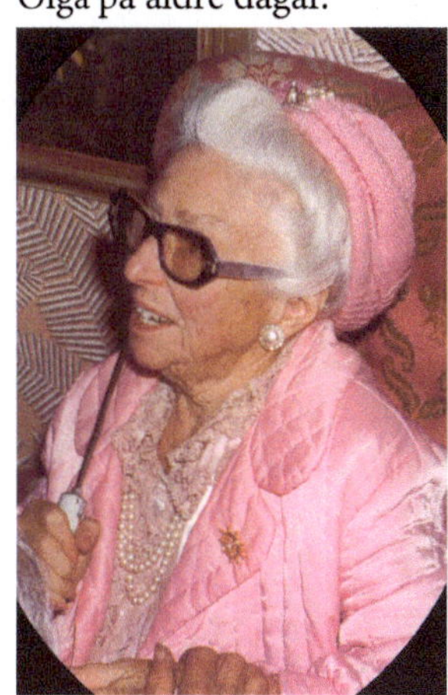

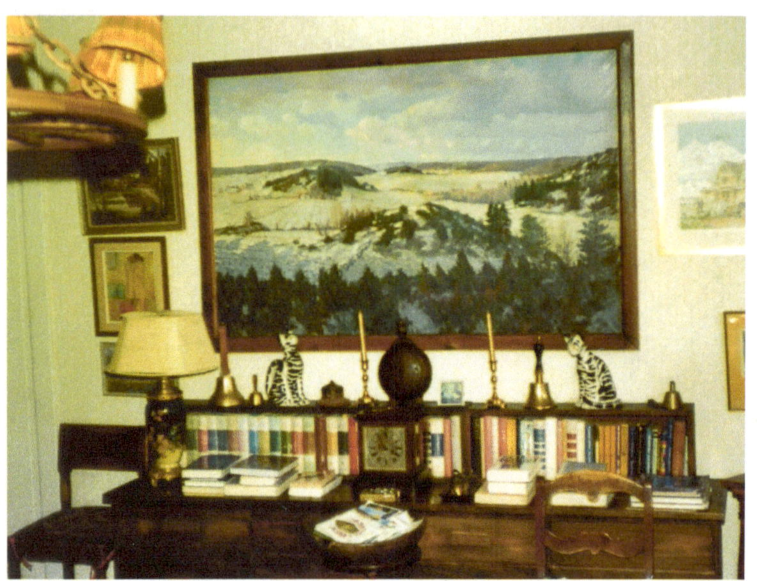

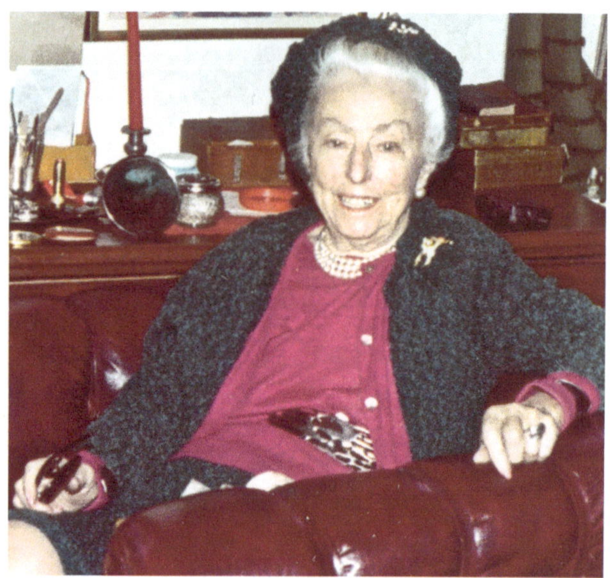

TORPRUMMET

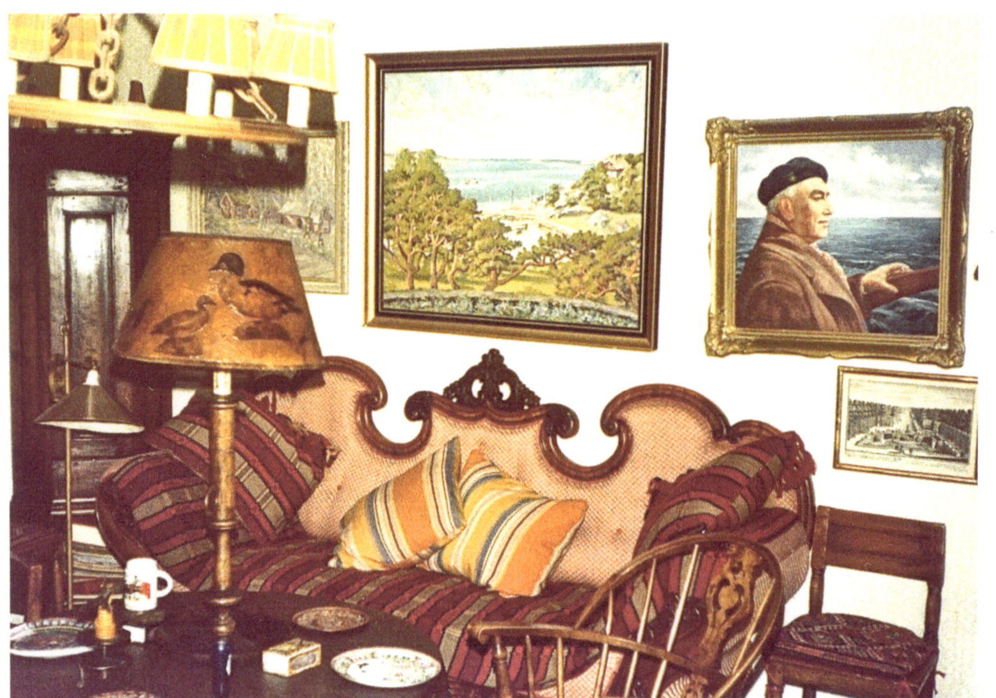

När Folke dog och Mååtorp såldes, gjorde Olga om ett av sovrummen på andra våningen till ett "sitting room" som möblerades med de rustika möblerna från Folkes Mååtorp.

Rummet kallades för "Torprummet" och Olga tyckte mycket om det. På äldre dagar var det skönt att slippa gå ned en trappa för att komma till vardagsrummet.

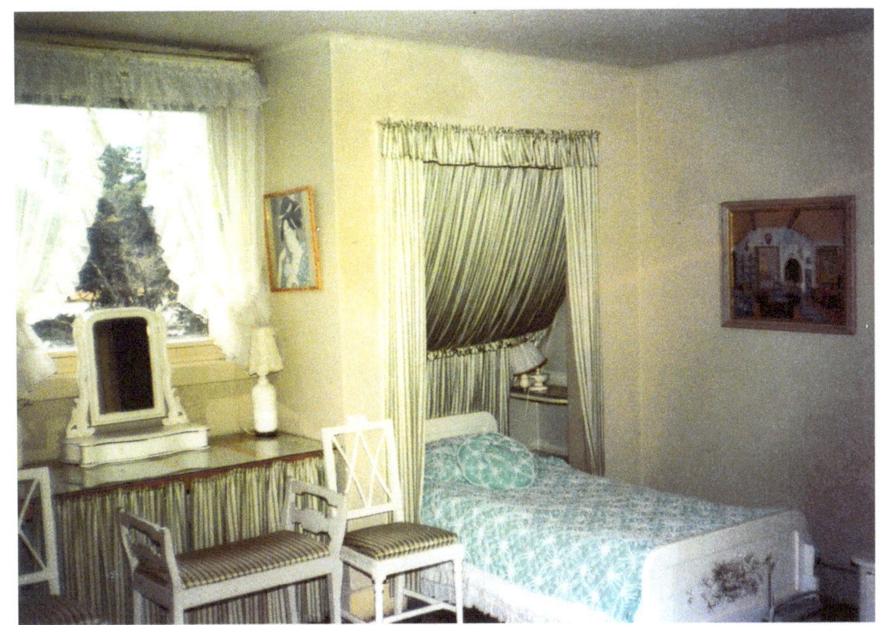

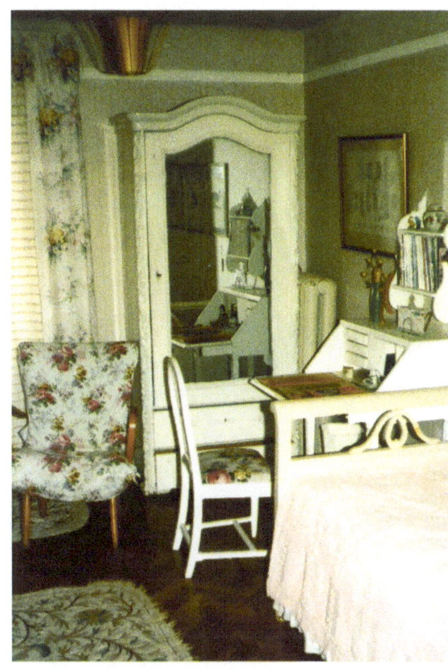

SOVRUMMEN

Ovan:
Detta sovrum kallades för "Sibyllarummet" efter den svenska prinsessan Sibylla som övernattat här.

Ovan höger:
Ytterligare ett sovrum på andra våningen.

Höger:
Ett av de tre sovrummen på tredje våningen.

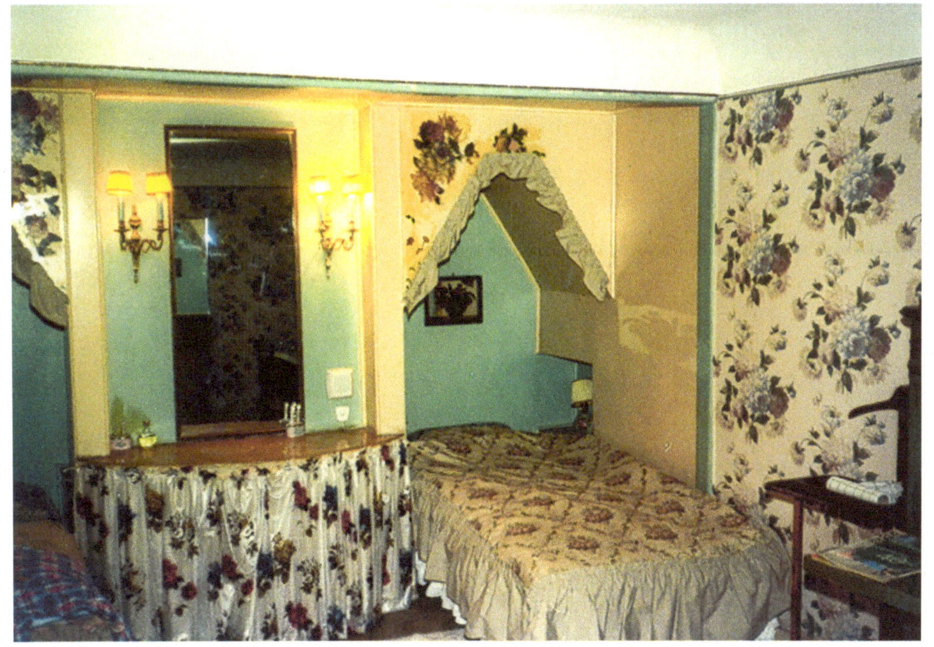

KÄLLAREN

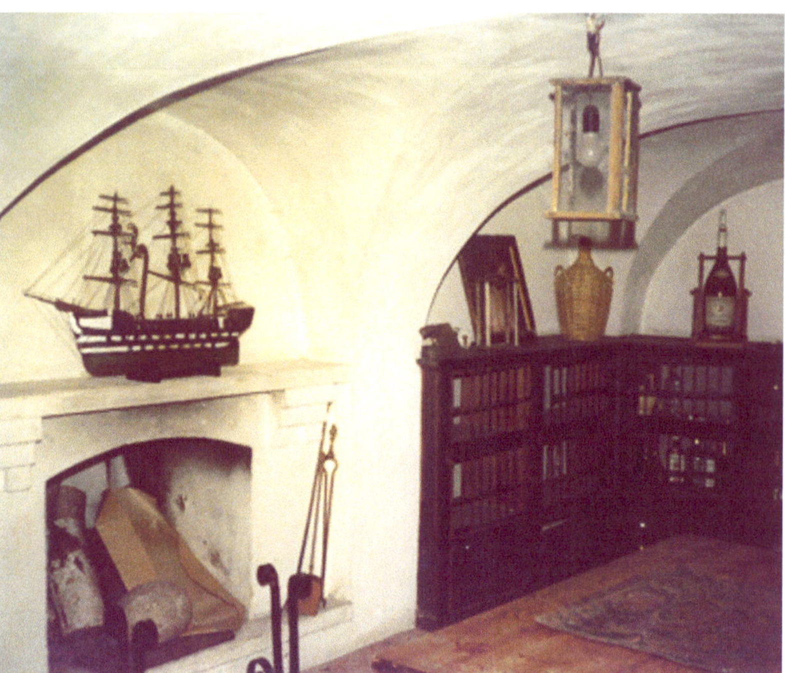

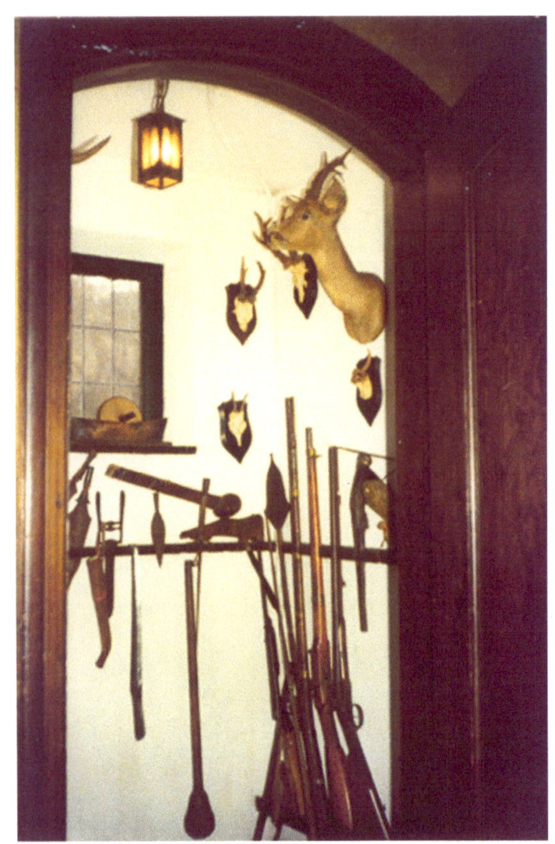

Den rustika källaren var idealisk för kräftskivor.
I ett av rummen fanns ett biljardbord, men det flyttades senare till Måätorp.

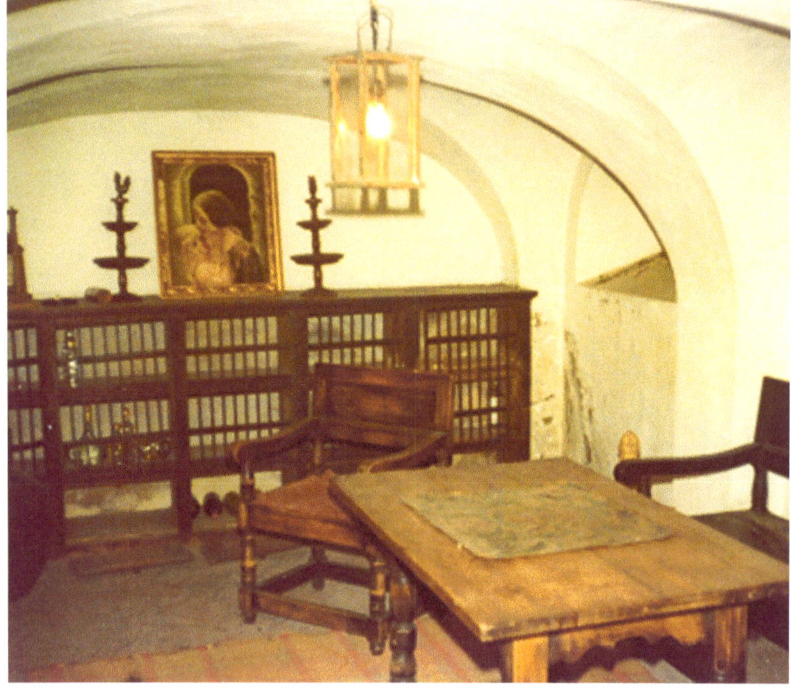

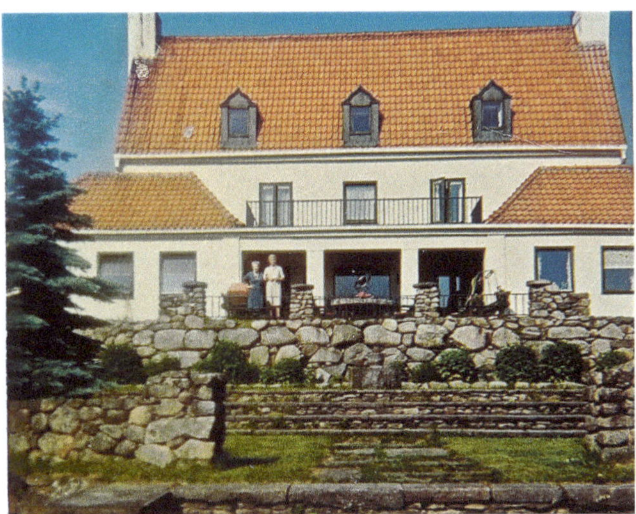

Loggian var perfekt för soliga och varma dagar; lite halvskugga med en svalkande vind från havet.

Nedan:
Olga med vännen Marian Smith, mor till författaren Donovan O'Malley.

Notera bordet av järnsmide i bakgrunden. Det är tillverkat av de järnstaket som en gång fanns runt trädgårdarna på Avenyn i Göteborg. När de revs, köpte Olga staket och grindar för en spottstyver på skroten och med hjälp av en smed, använde hon dem till en mängd olika ändamål på Lysholmen.

Vänster: Olga och gamla väninnan Ingrid Keiller, står framför loggian och blickar ut över havet.

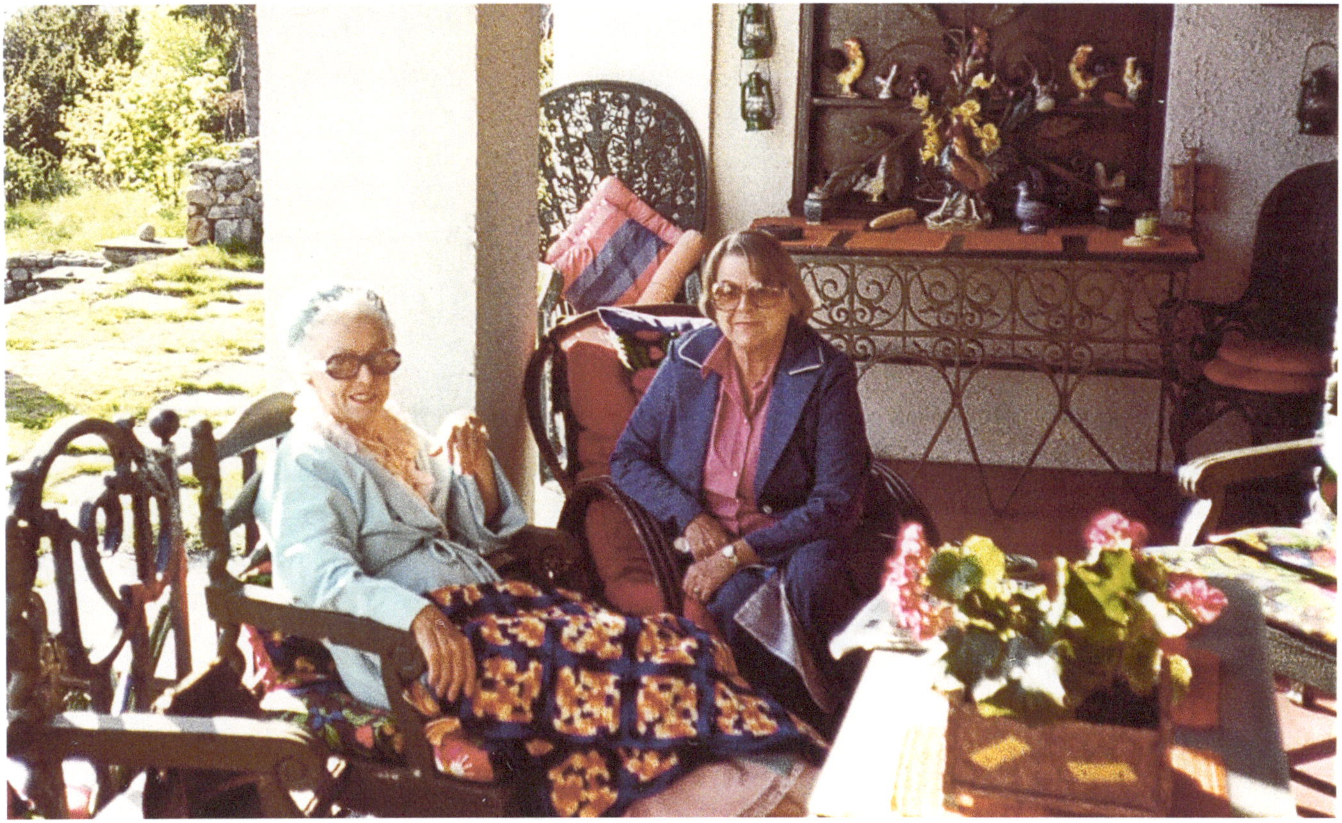

LOGGIAN

KÖKET OCH SERVERINGSRUMMET

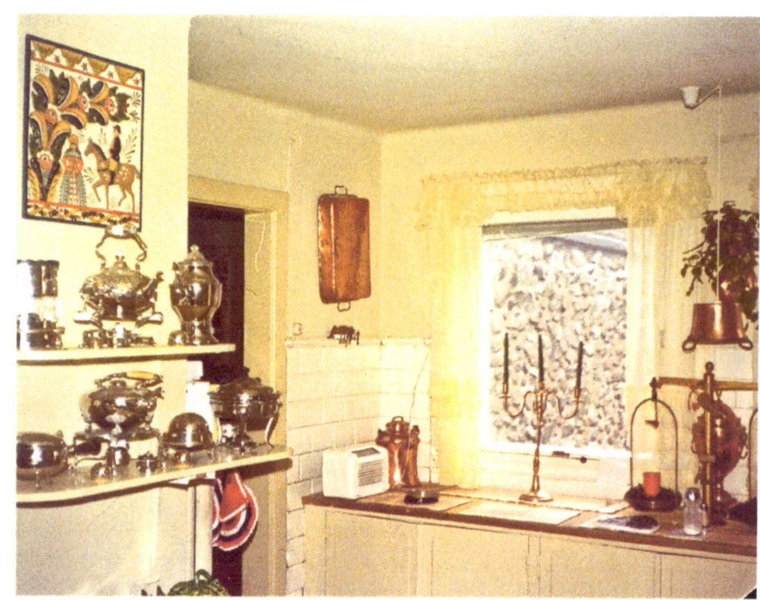

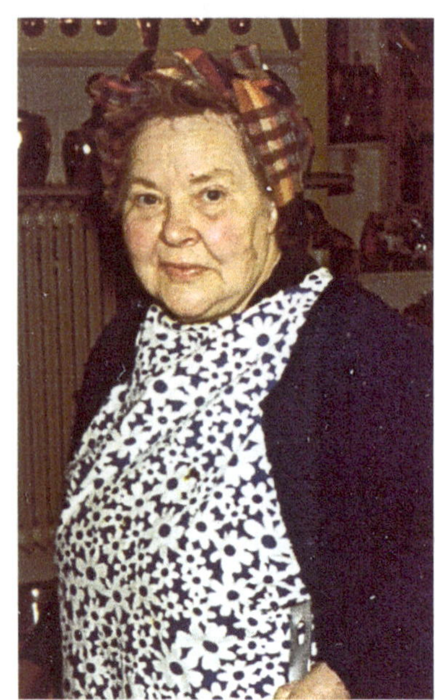

Kokerskan Linnéa var den som bestämde i köket.

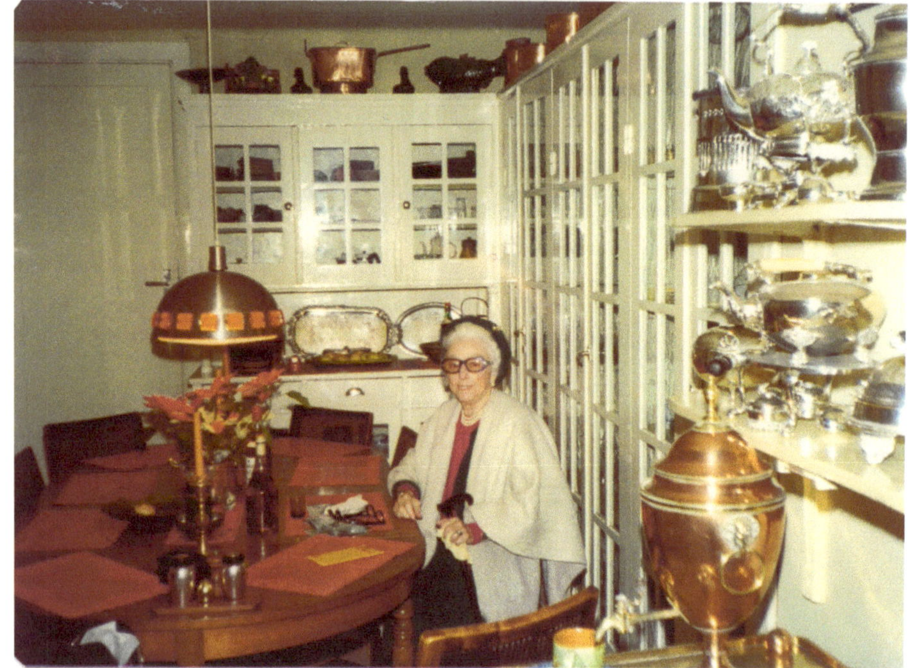

Olga (höger) åt alltid sin frukost just på den platsen i serveringsrummet.

ODLINGAR PÅ LYSHOLMEN

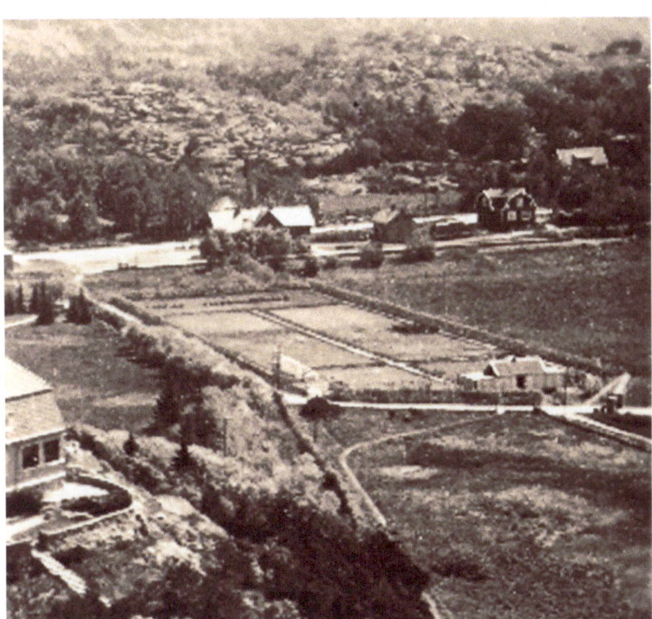

Nedanför Lysholmen fanns en äng som användes till köksträdgård. Området delades av med breda stengångar och matjord forslades dit. Det blev en stor bördig köksträdgård (vänster).
Där byggdes också ett hönshus som var mycket betydelsefullt under andra världskriget när maten var ransonerad. Min mamma Gunilla som studerade i Uppsala fick regelbundna leveranser av Lysholmens ägg. Hon skrev till sin mamma att hon överlevde på dem.
Växthuset producerade årligen tusentals persikor, vindruvor och tomater.
Nedan: På Lysholmens loggia sitter Olga och dottern Gunilla och rensar bär och grönsaker från den egna köksträdgården, ca 1940.

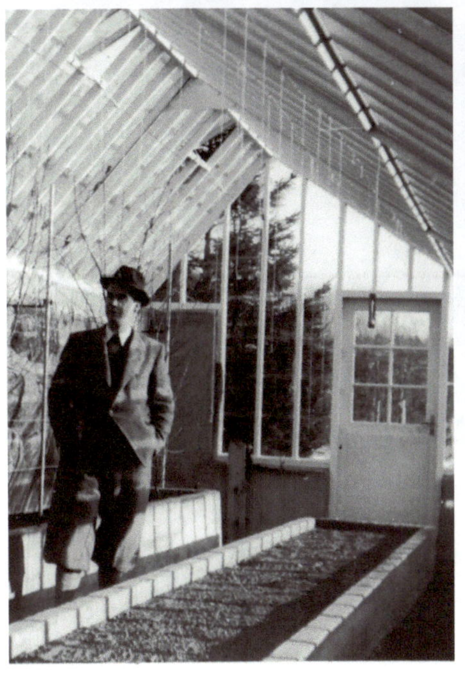

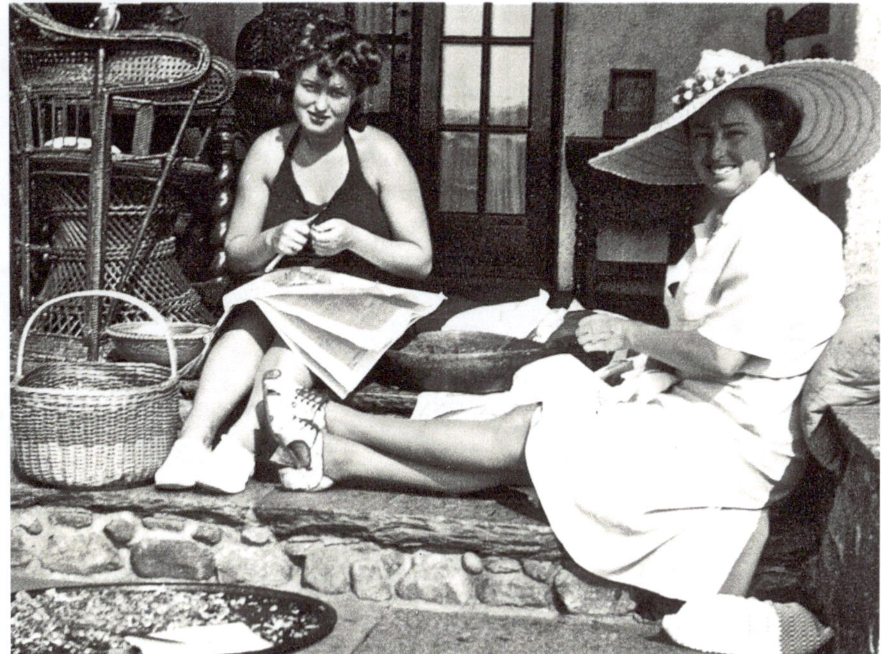

LYSHOLMEN
ETT PARADIS FÖR BARNEN

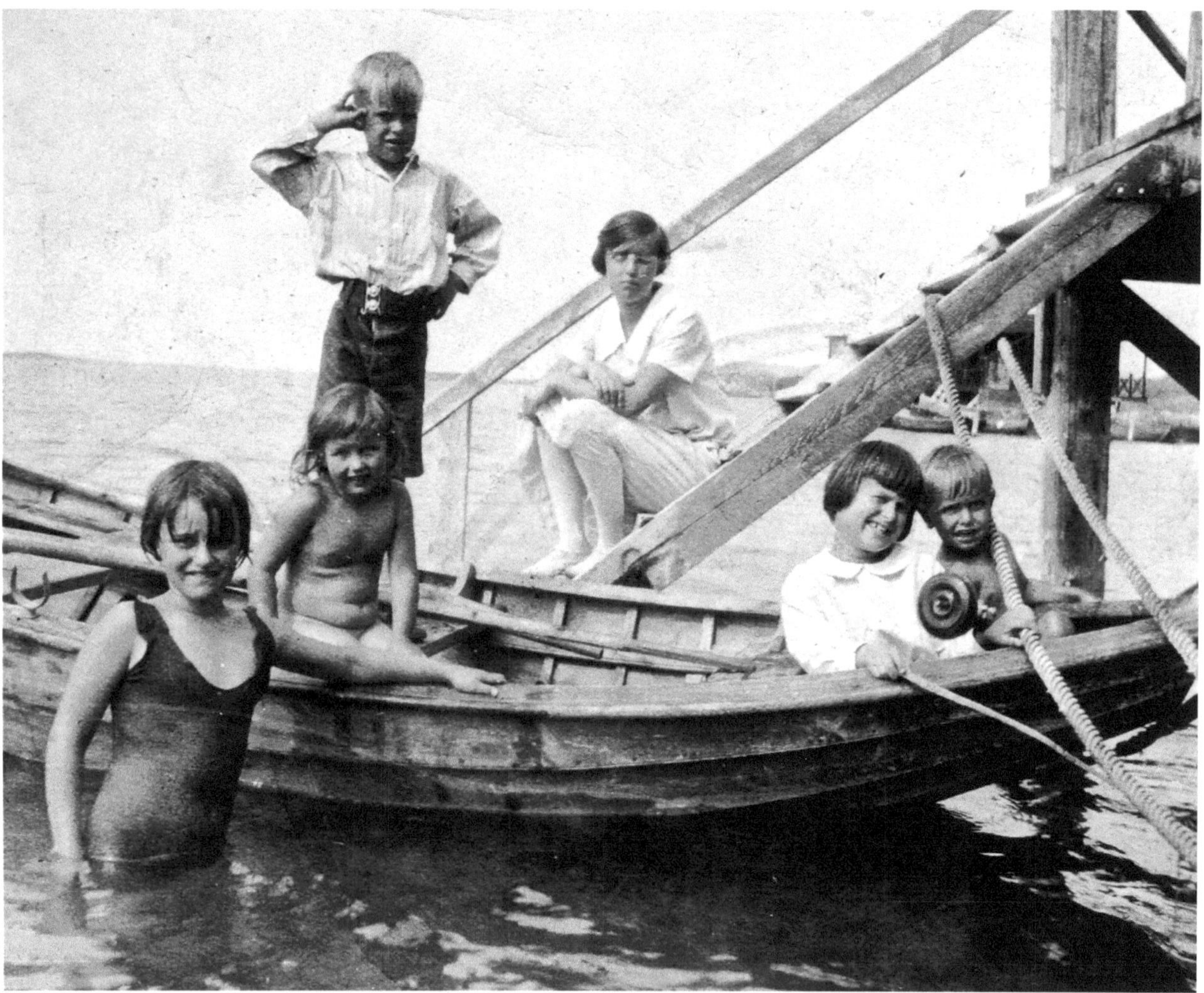

Olgas och Folkes barn. Från vänster: Sonja, Gunilla, Bo-Erling, Mary, Sigrid and Claes-Herbert.
Barnen var duktiga på att fånga tångräkor med håv och när kungen kom på middag, hjälptes alla barnen åt att med sina flinka fingrar skala ett berg av nyfångade tångräkor till kungamiddagen. En mycket uppskattad delikatess.

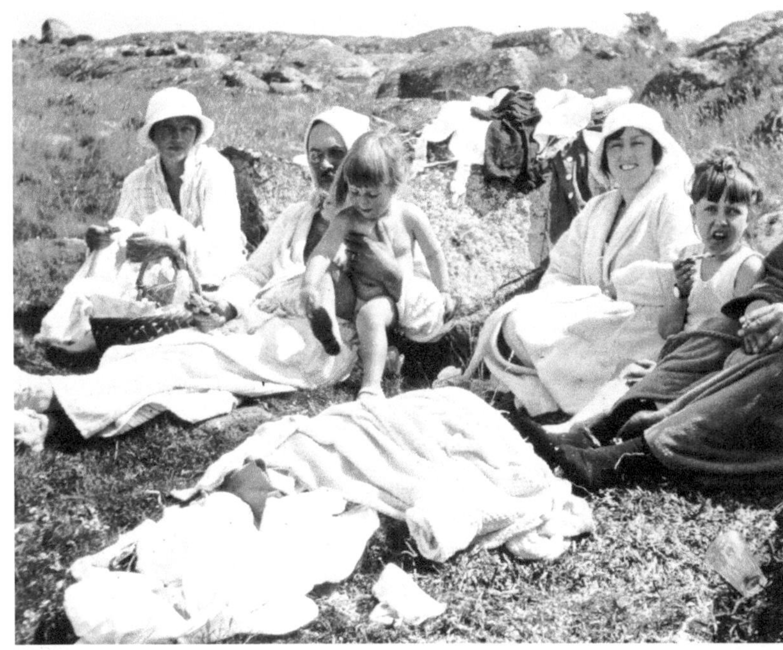

UTFLYKTER I SKÄRGÅDEN

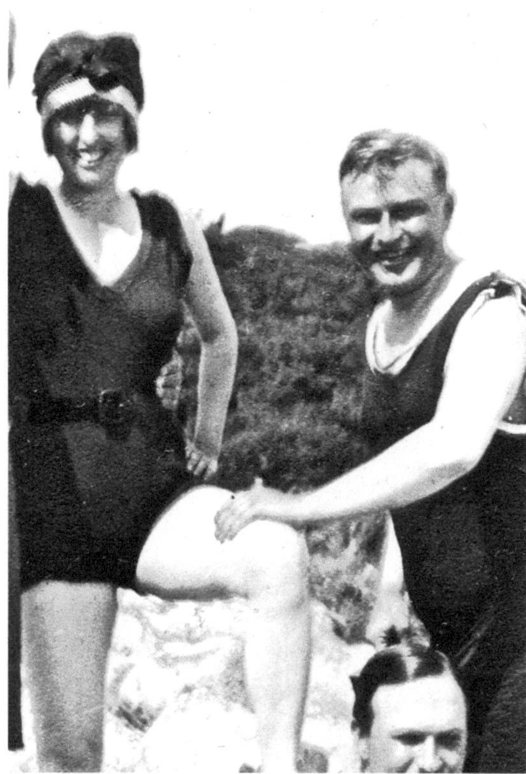

Olga och Folke på utflykt i skärgården med vänner ca 1925. Notera Olgas fina figur - hon har redan fött åtta barn!

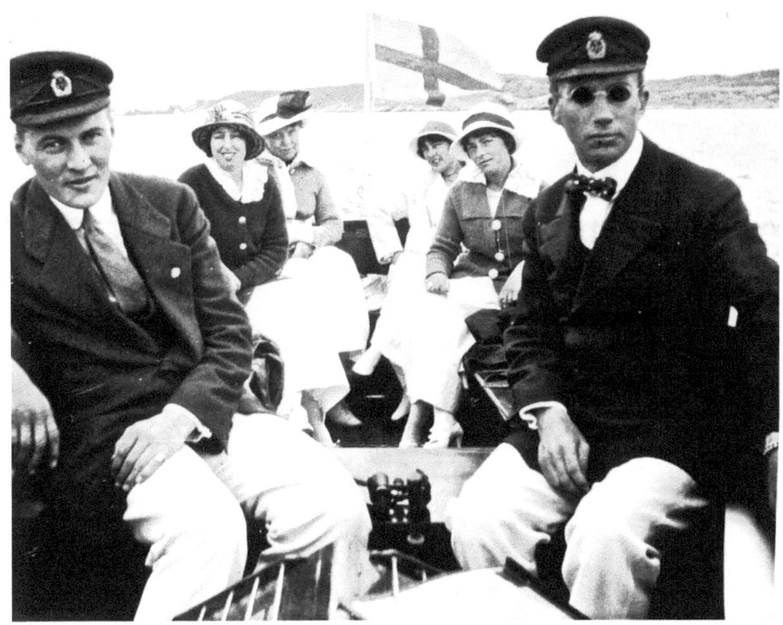

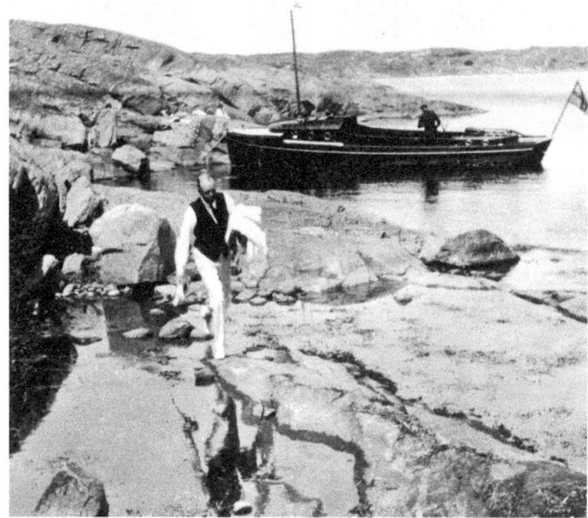

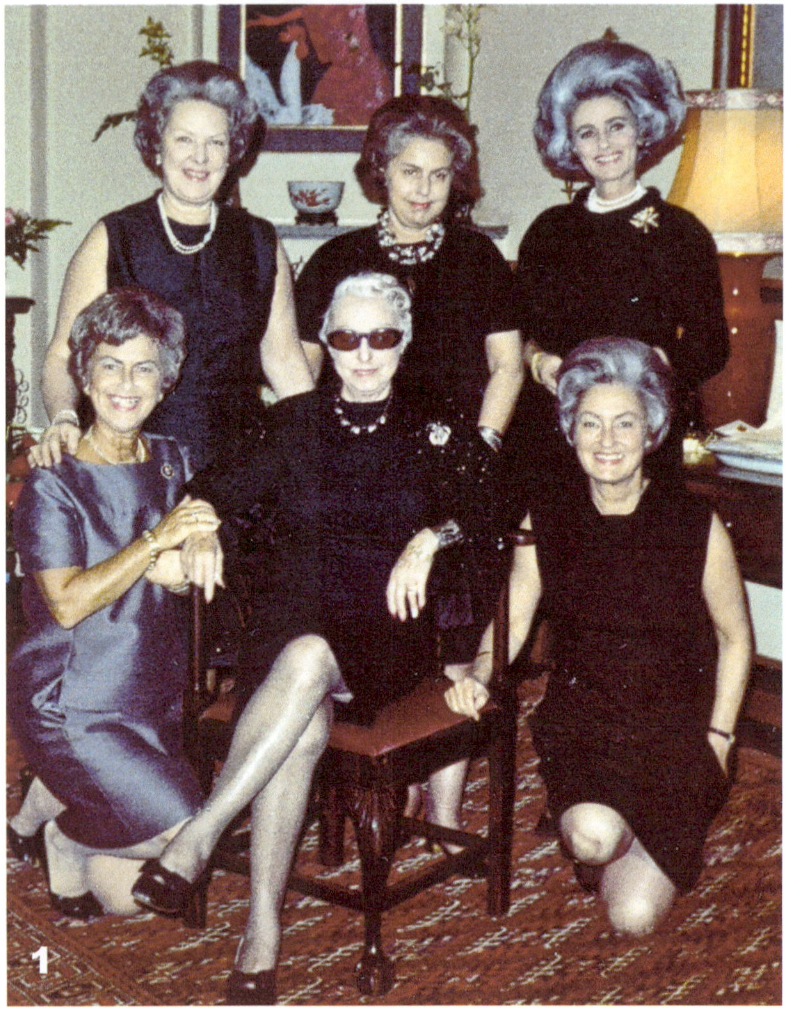

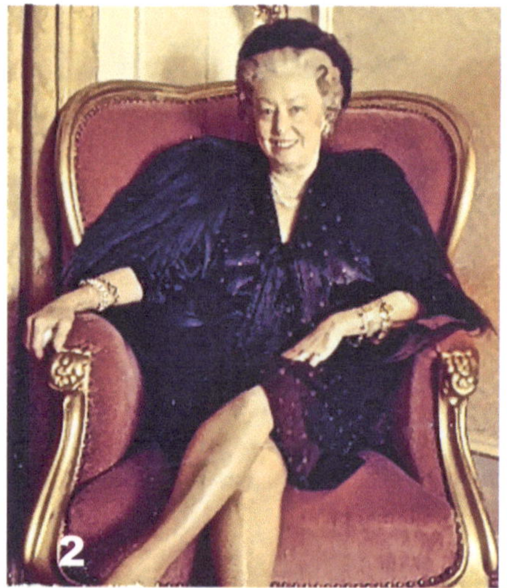

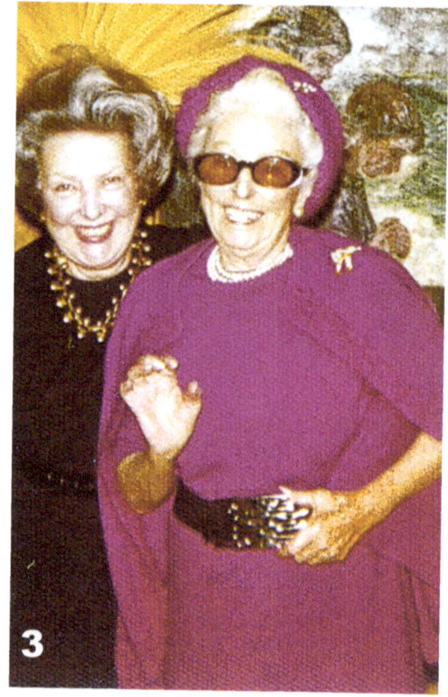

1.
Olga och hennes döttrar 1970.
Från vänster: Sigrid , Anita, Mary, Sonja, Gunilla.

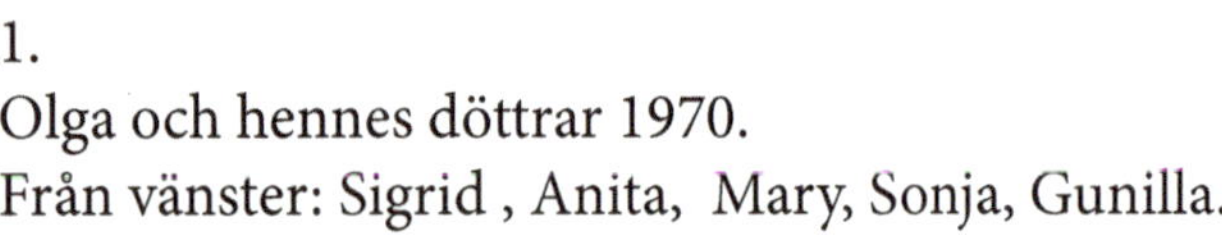

2.
Olga i sin svarta cape.

3.
Olga med äldsta dottern Anita.

OLGA

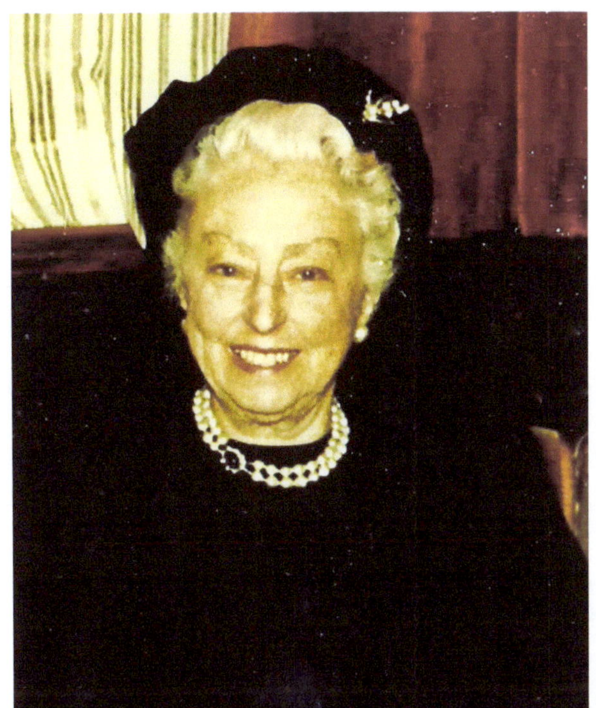

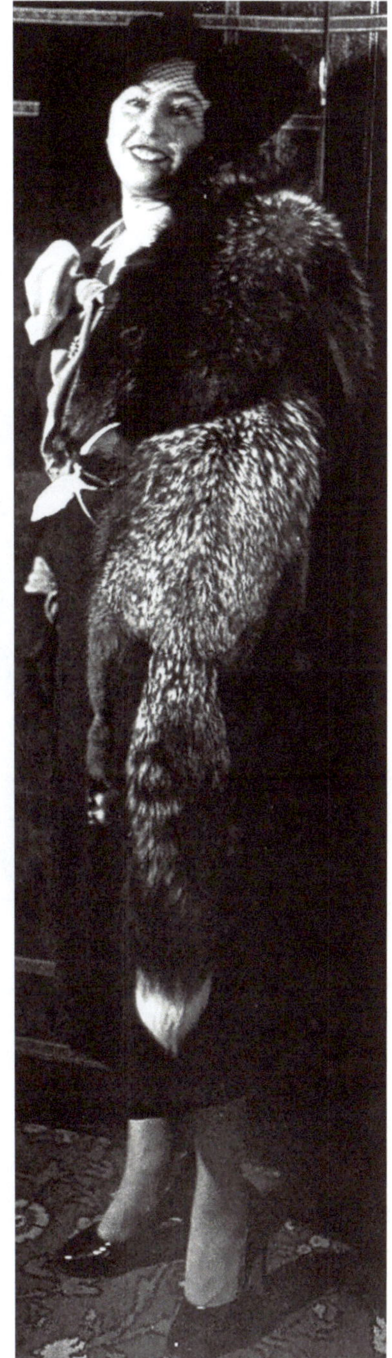

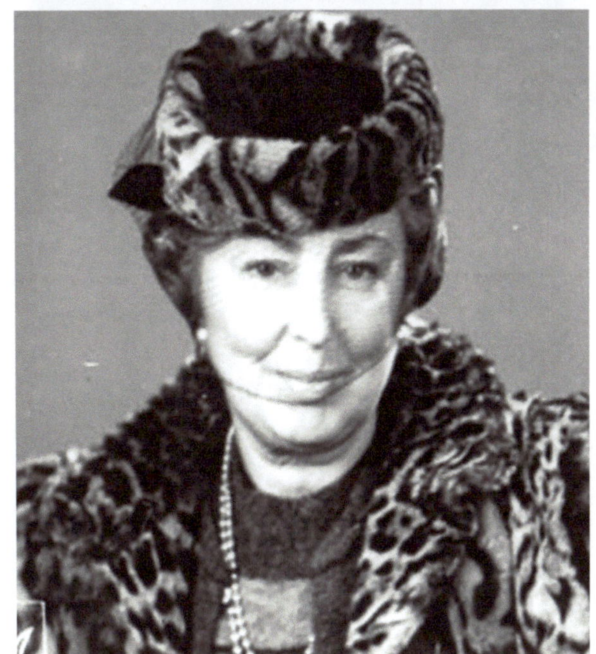

OLGA
MAMMA TILL NIO BARN

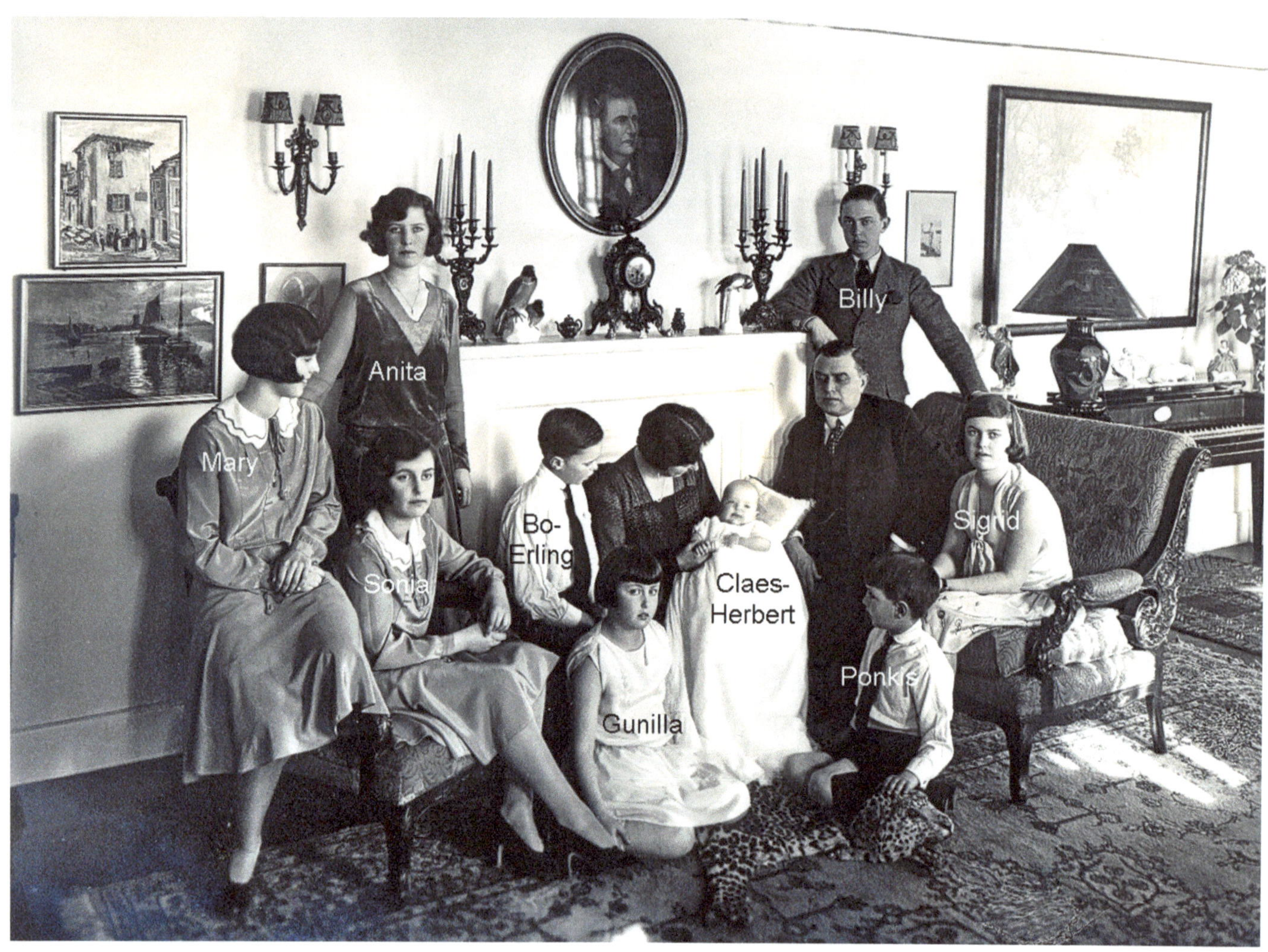

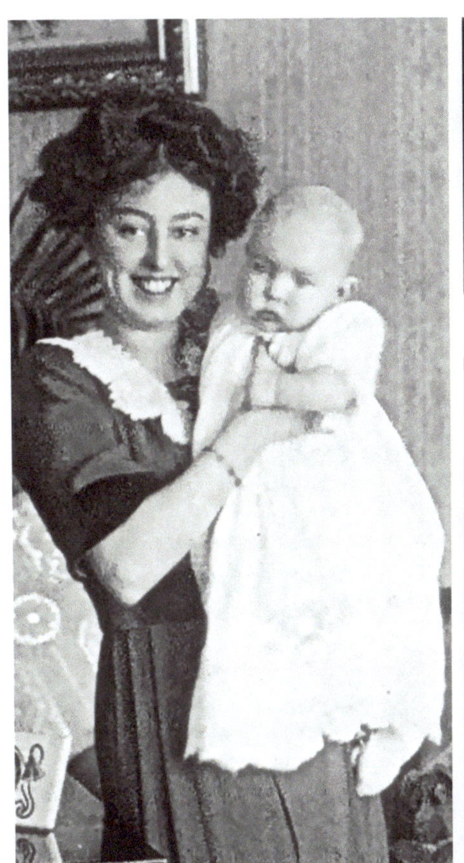

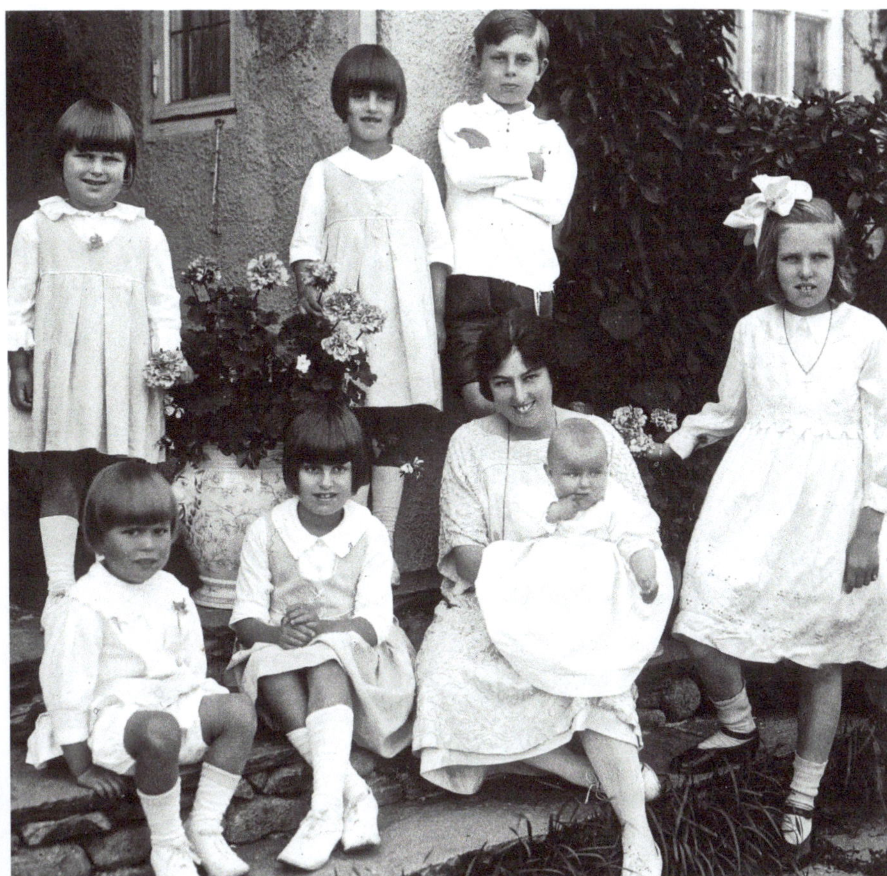

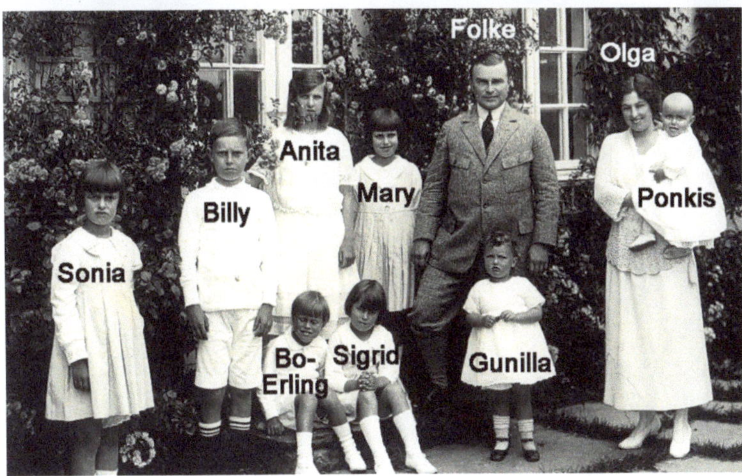
Folke
Olga
Anita
Mary
Billy
Ponkis
Sonia
Bo-
Erling
Sigrid
Gunilla

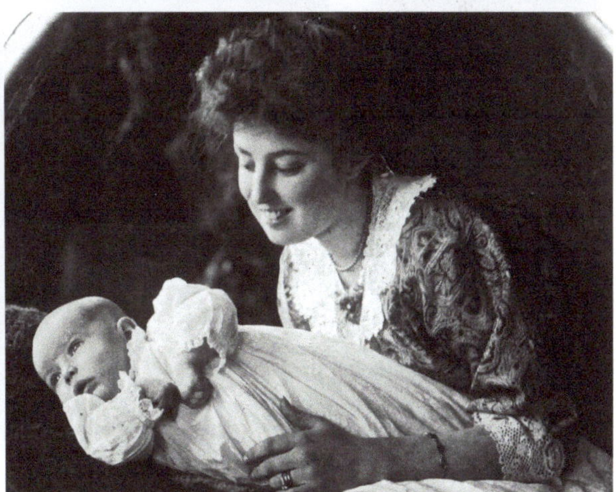

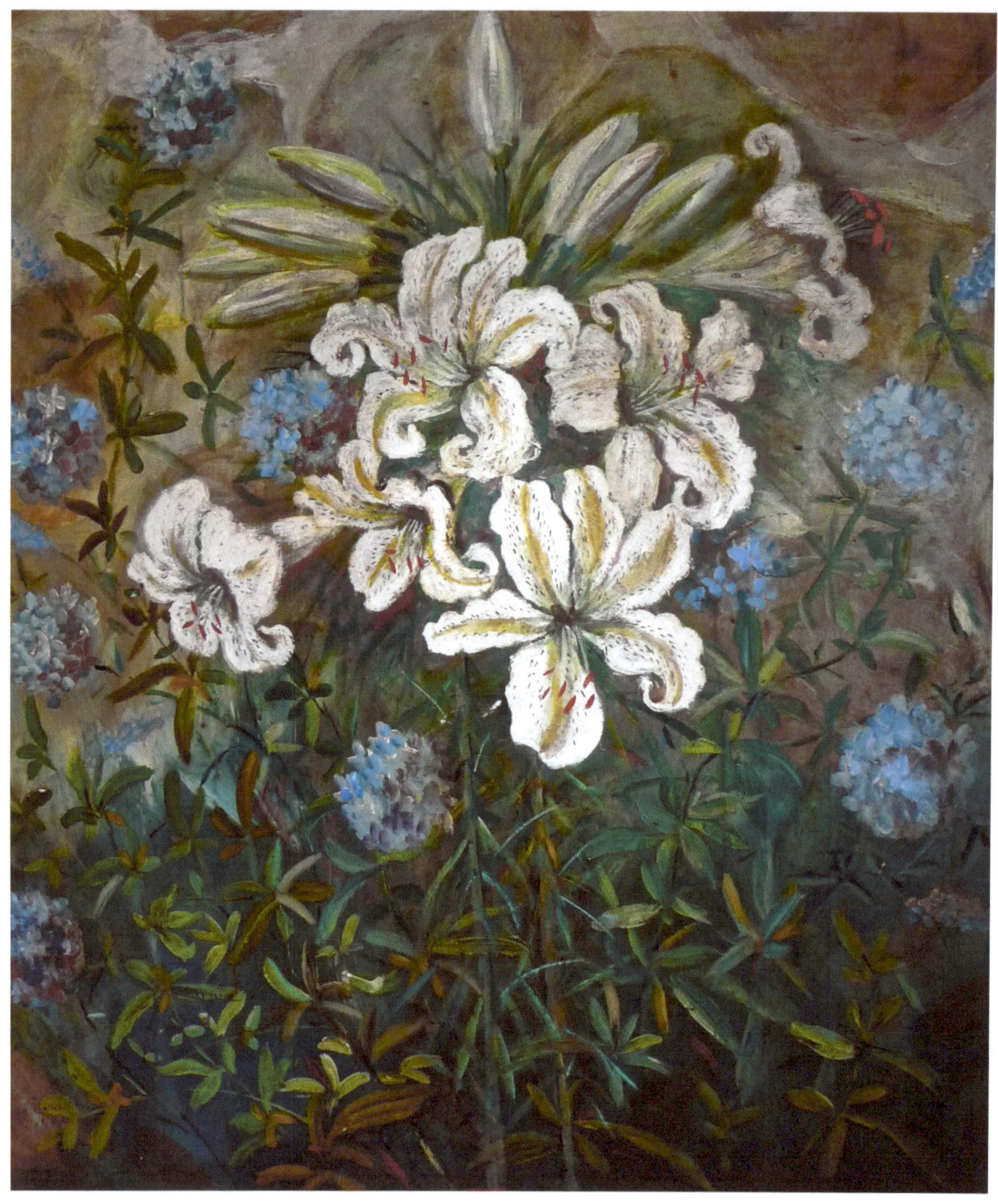

OLGA, KONSTNÄREN

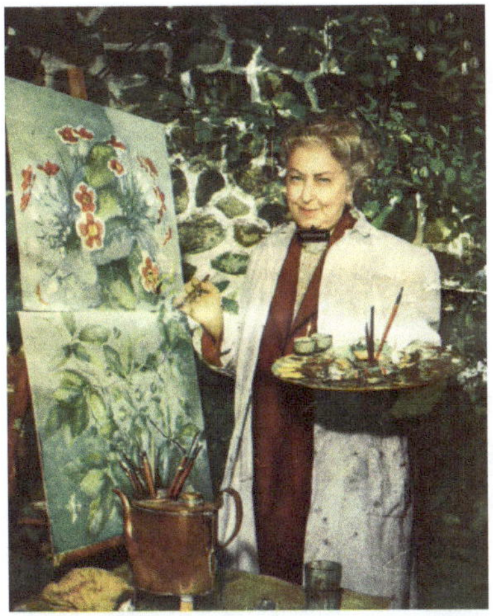

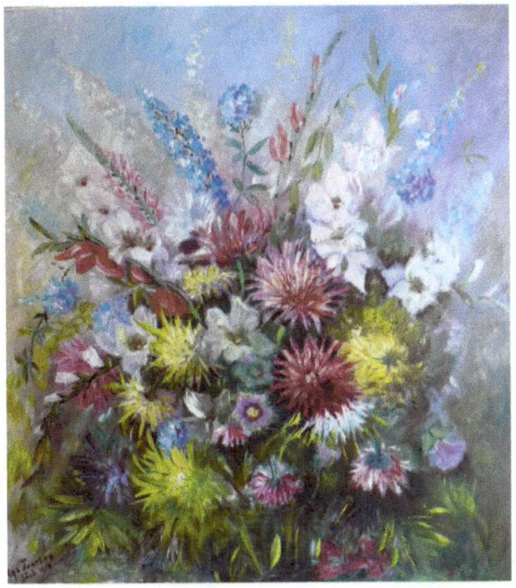

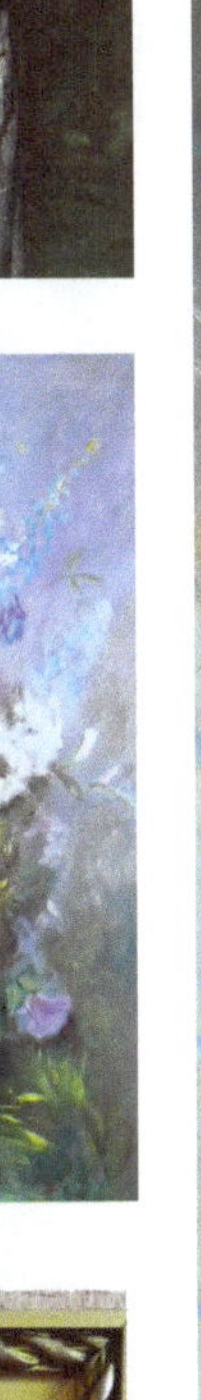

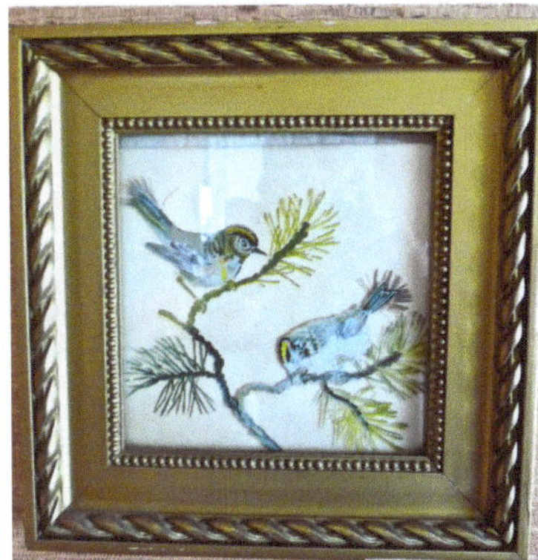

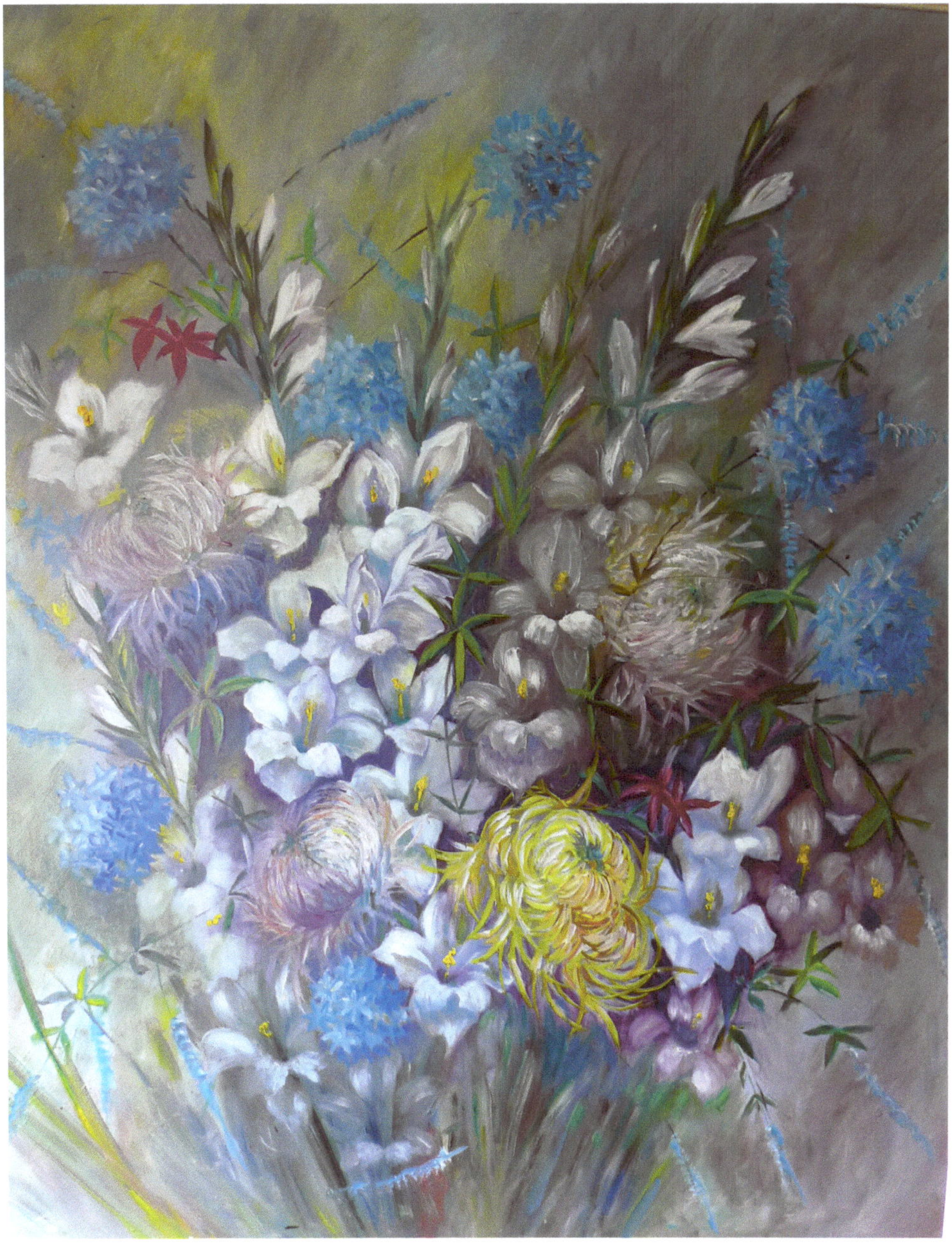

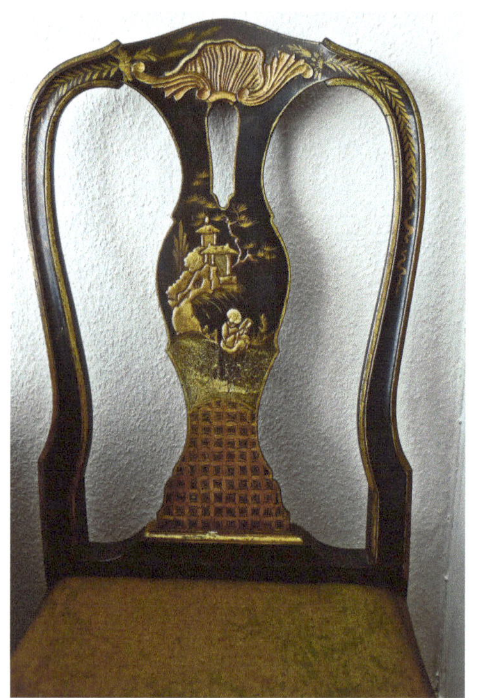

OLGAS KINESISKA LACKARBETEN

I London tog Olga en kurs i kinesiskt lackmåleri. Hon blev så duktig att antikvitetshandlare i Göteborg trodde att hennes lackarbeten var antika. Man måste ha väldigt bra syn och vara säker på handen för detta detaljerade arbete. Hon gjorde t.ex det komplicerade rutmönstret på fri hand.

Den svenske kungen Gustav V beundrade hennes dekorerade bridgebord så Olga gav honom två stycken (nedan höger).

Även Olgas döttrar Sigrid och Anita lärde sig kinesiskt lackmåleri.

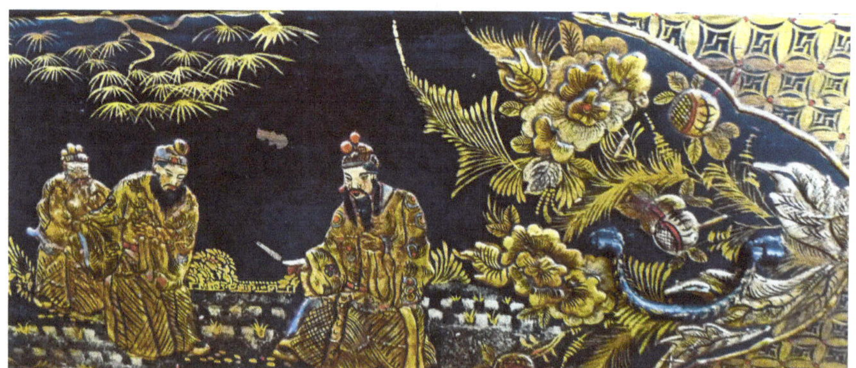

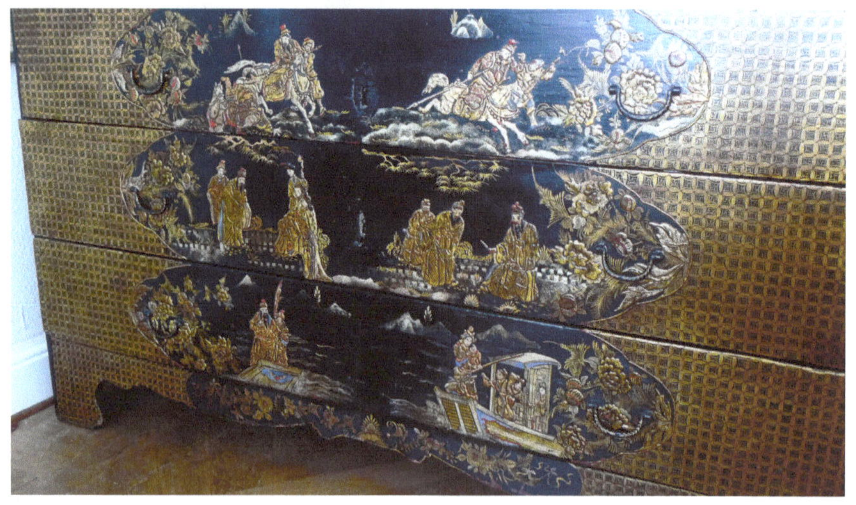

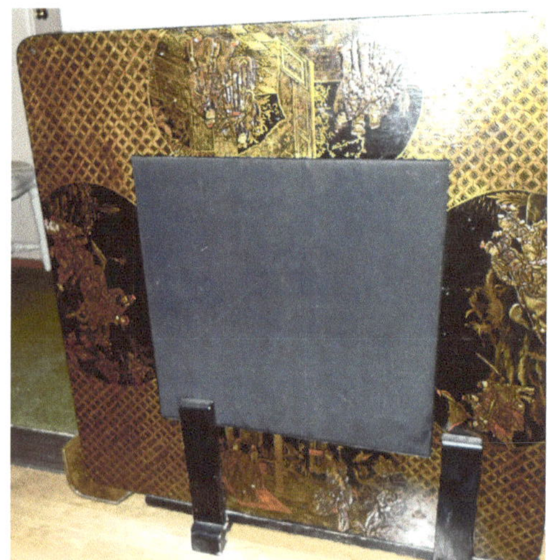

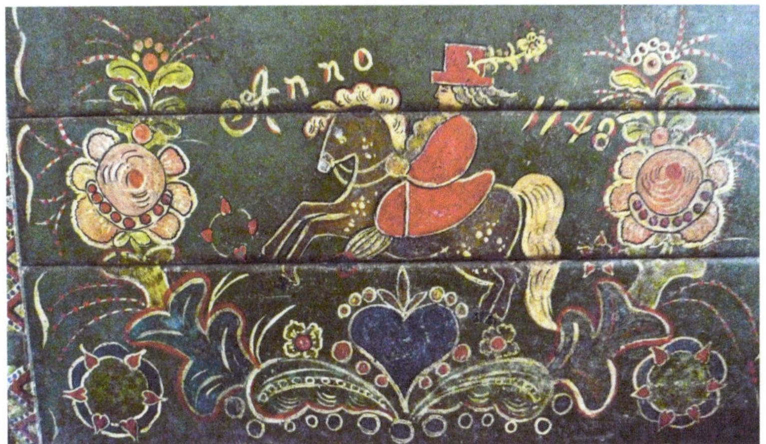

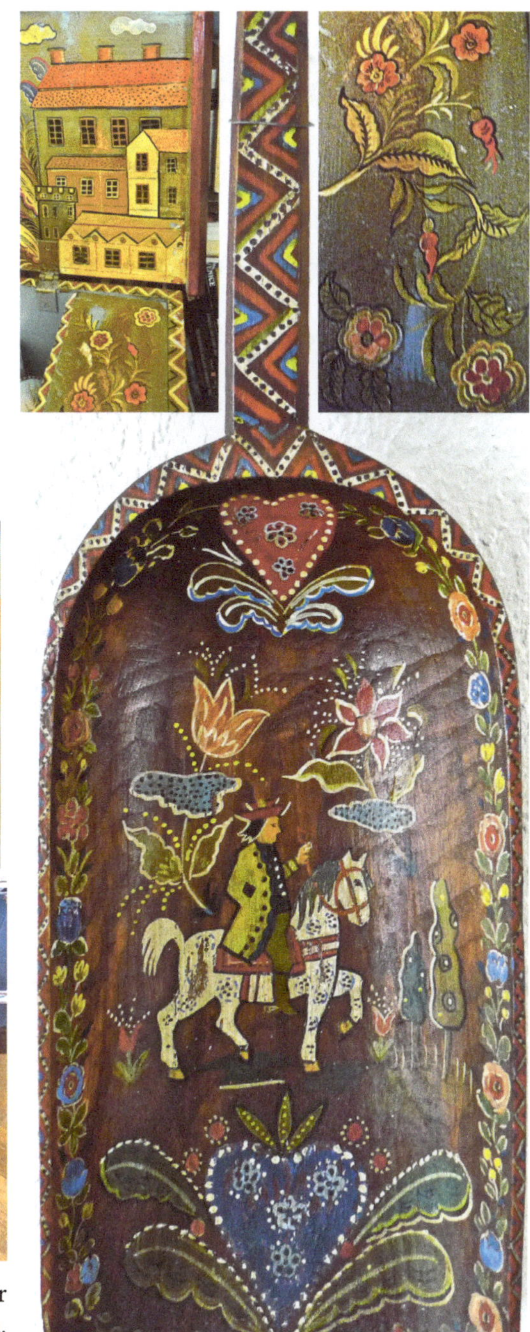

OLGAS DALAMÅLERI

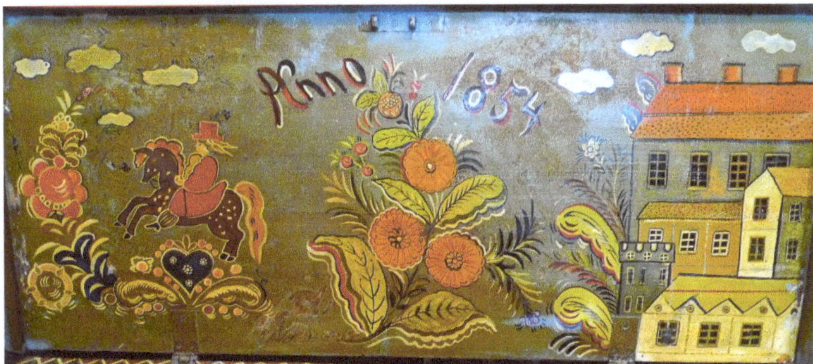

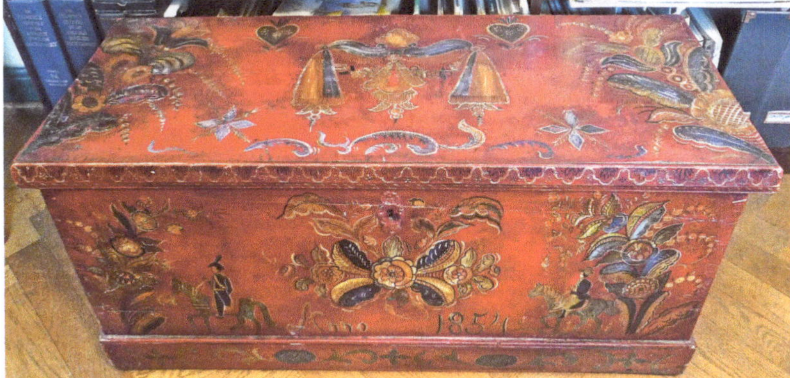

Den röda kistan var en basarvinst som Olga skänkt ill RÖDA KORSETS basar på Särö 1959. Den var fylld med lakan och handdukar som en brudkista. Hennes dotter (min mamma) Gunilla hade turen att vinna den (!)

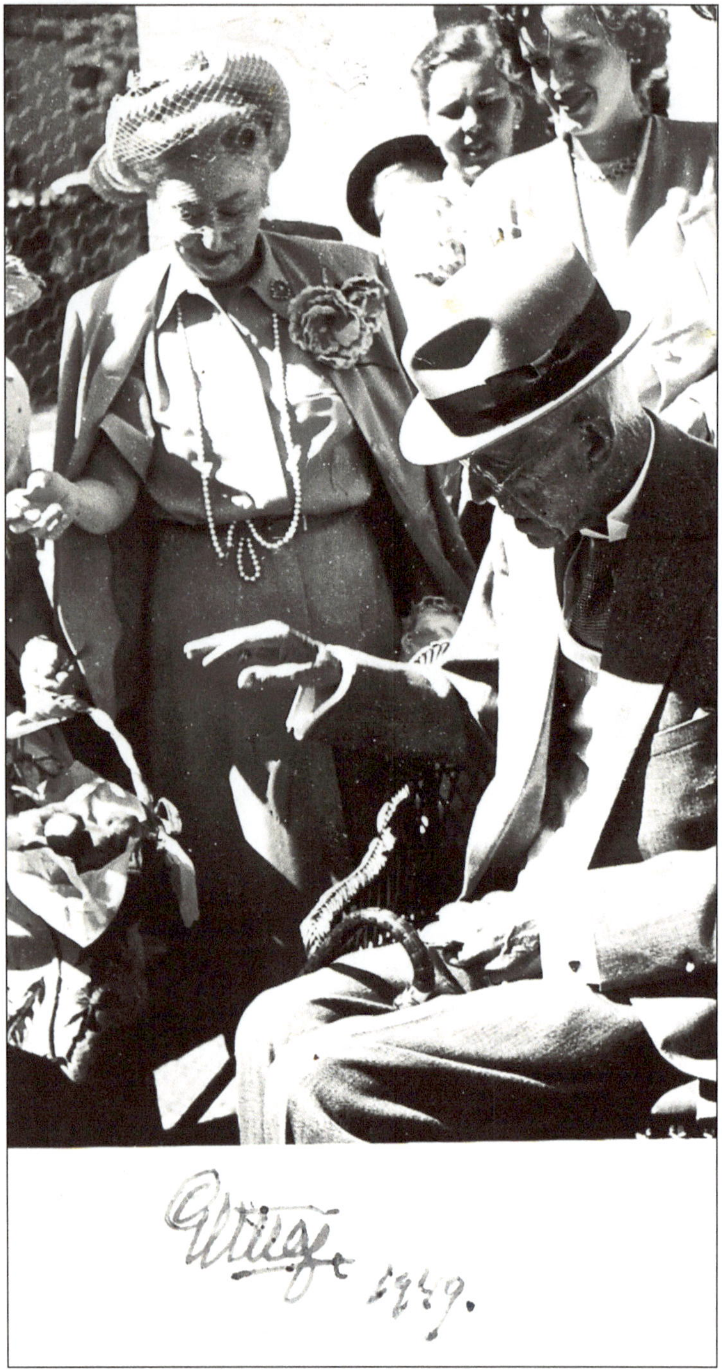

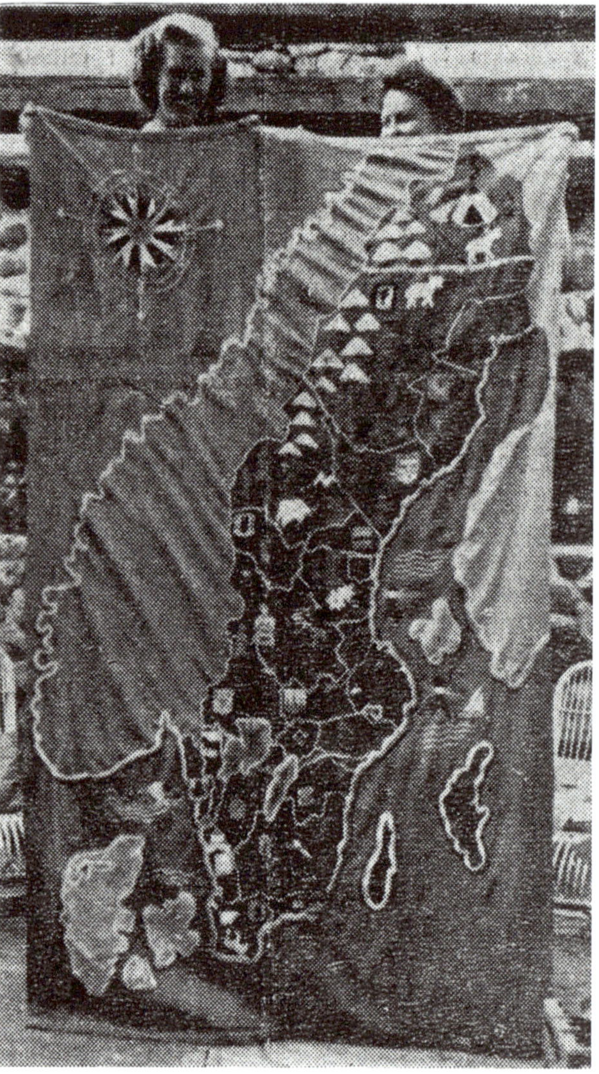

Ovan: En karta av tyg över Sverige med applikationer tillverkad och skänkt av påhittiga Olga till Röda Korsets basar.

Vänster: Olga och Gustav V. Bättre reklam än självaste Kung Gustav V kunde inte Röda Korset få för sin årliga basar på Särö. Det var stor uppståndelse och pressen skrev spaltmeter.

OLGA, RÖDA KORSET OCH KUNG GUSTAV V

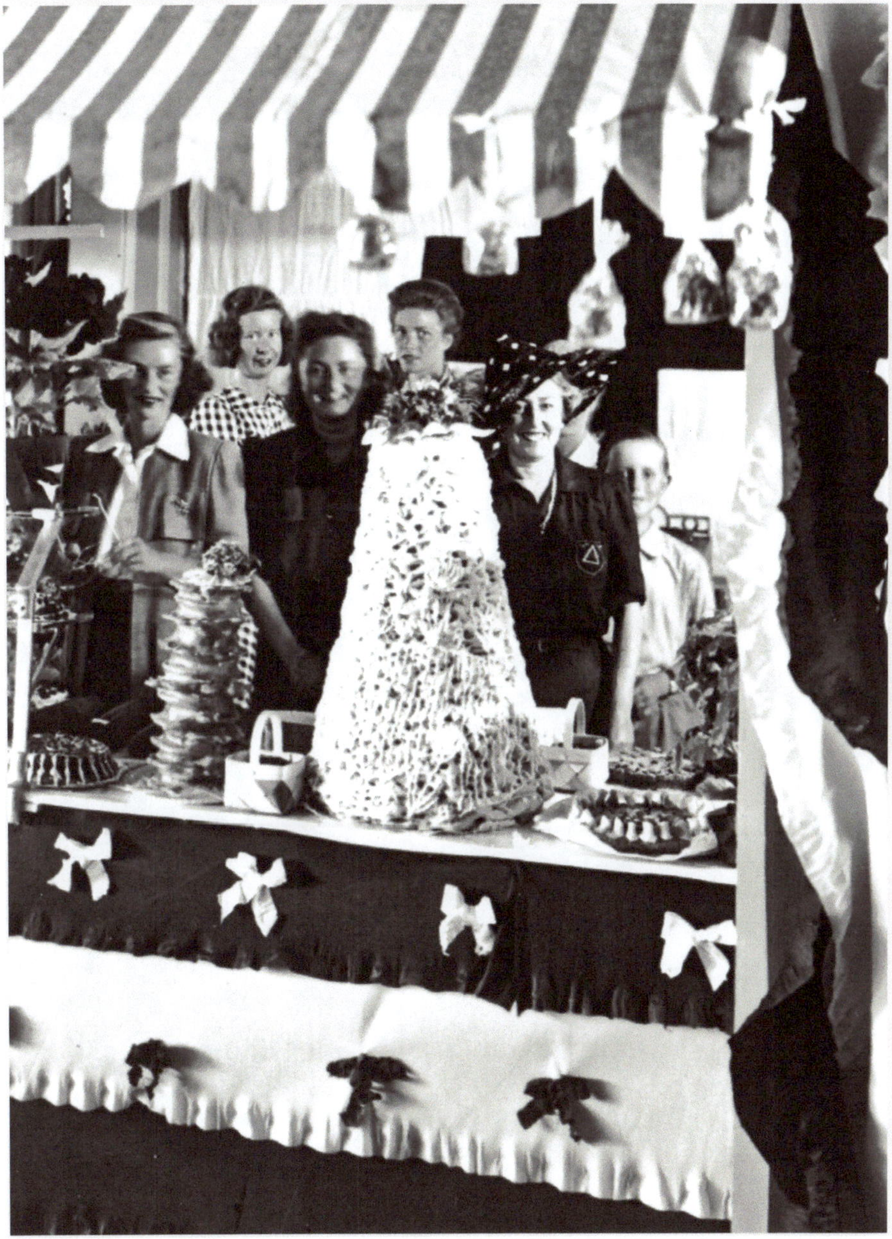

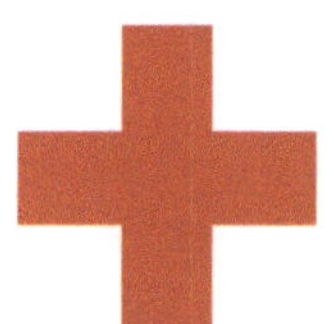

Olga var ordförande i RÖDA KORSET på Särö. Det var många kvinnor från trakten som var engagerade i Röda Korsets arbete och på olika sätt bidrog till den årliga basaren och Olga basade över det hela. Hon var påhittig och konstnärlig och skänkte mycket av det hon målat och dekorerat. Andra vävde och sydde eller skänkte saker. Allt lottades ut eller såldes till förmån för Röda Korsets verksamhet.

Vänster:
1948. Olga i prickig hatt, med dottern Gunilla på andra sidan av den enorma spettekakan, en av vinsterna i tombolan. Kungen, Gustav V, var väldigt förtjust i spettekaka och de hoppades förmodligen att kungen skulle köpa riktigt många lotter i år också.

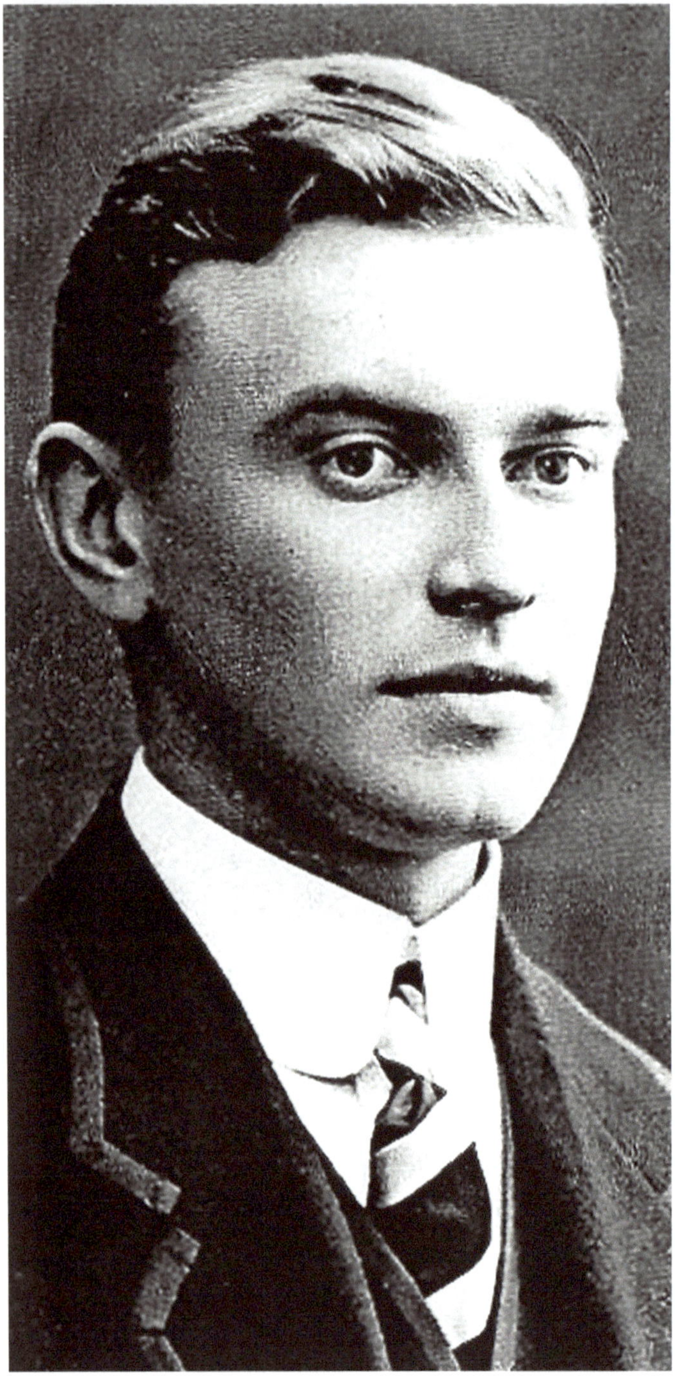

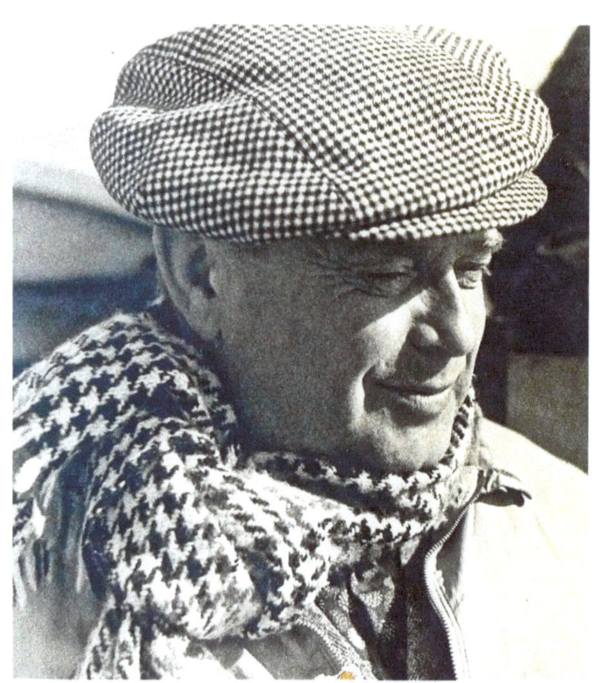

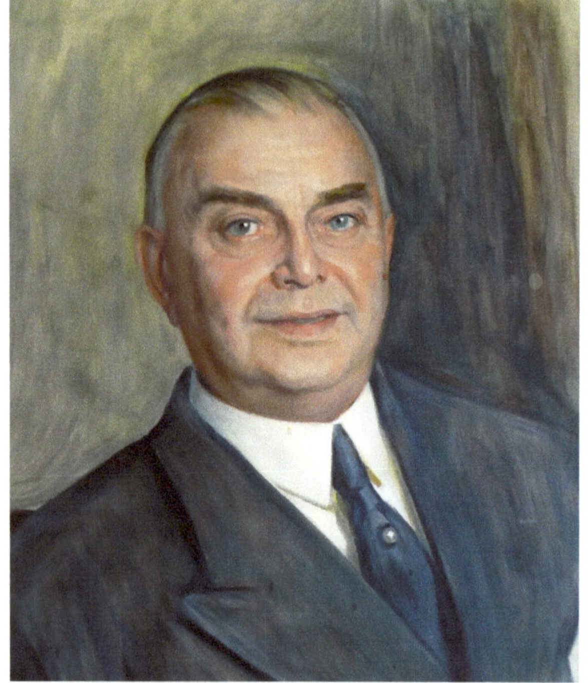

FOLKE

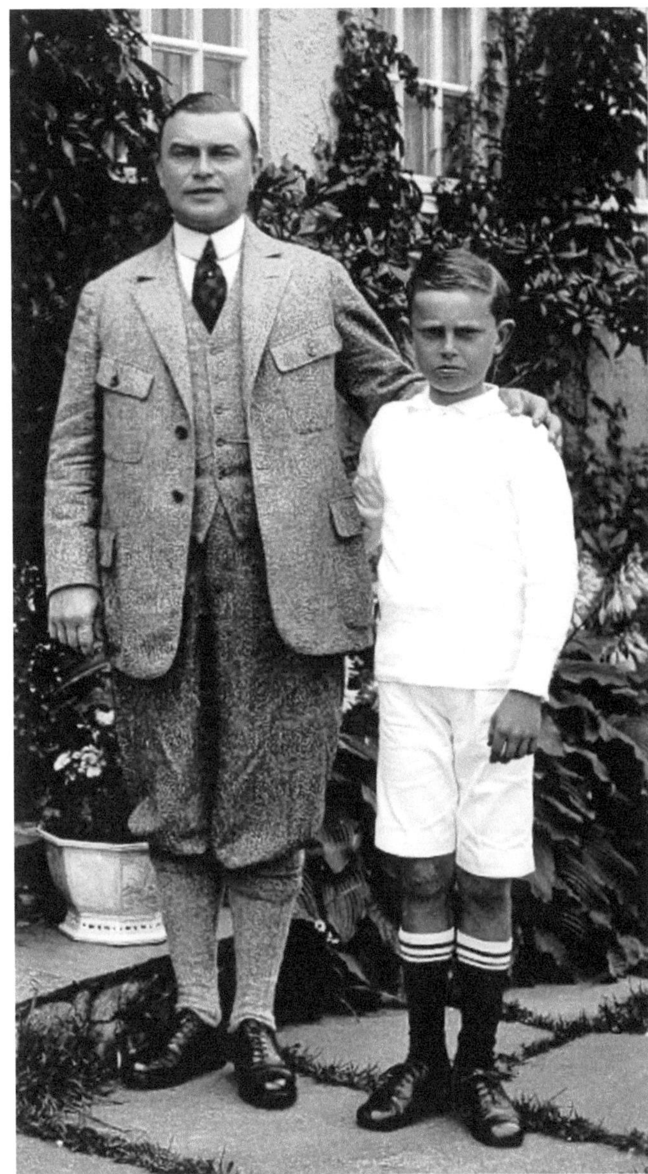
Folke med äldste sonen Billy

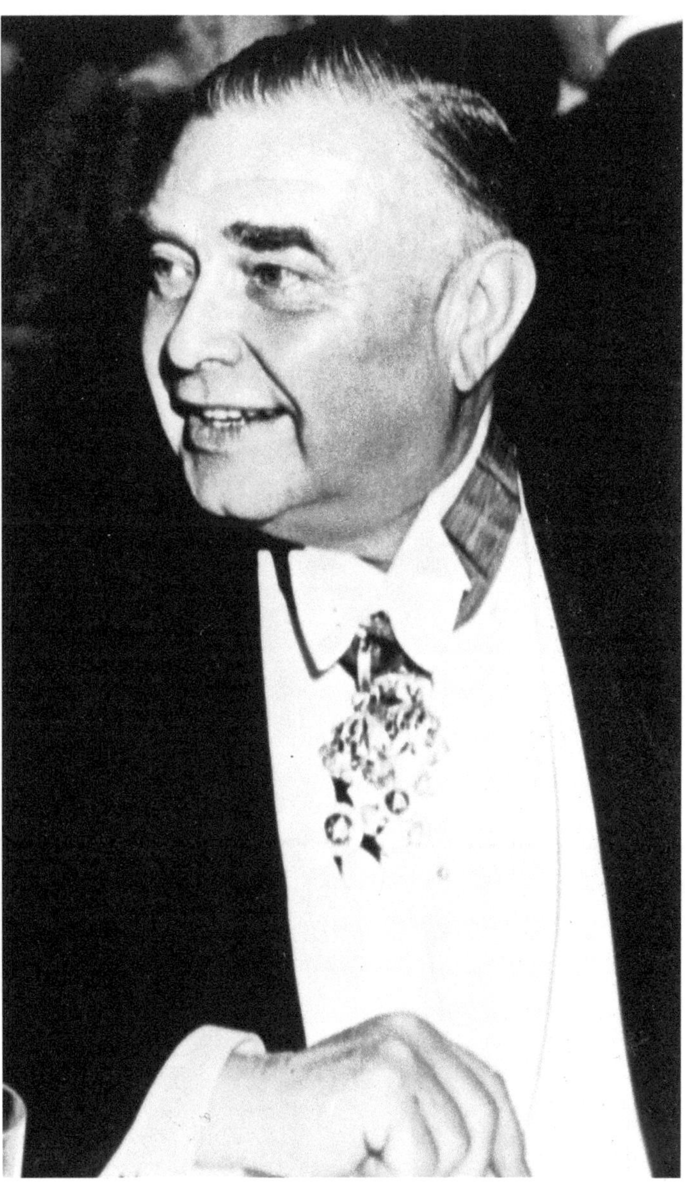

James Keiller		Gustaf Adolf Bratt
Dan-Axel Broström	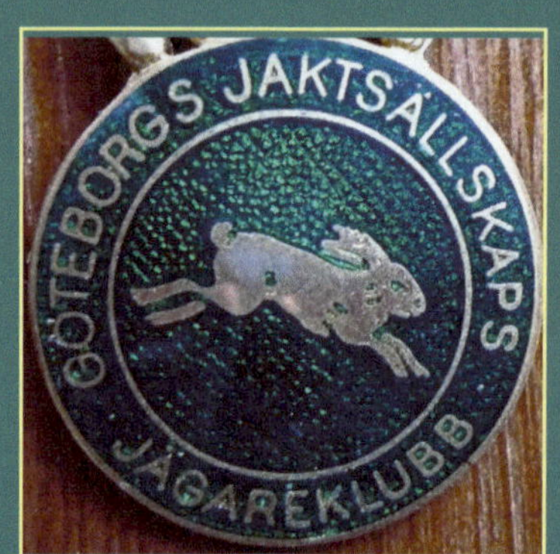	Gösta Dahlman
Knut Dalman		Claes Ekman
Göran von Essen		Claes Grill
Sven Hansson		Victor Hasselblad
Lars Hill-Lindquist		Folke Jonsson
Henning Krafft		Georg Lithander
Lars Hedwall		Fritjof Nordborg
Erik Lundh		Kurt Nordström
Axel Nordström	1960	Sven Raab
Car-Eric Odelberg		Patrik Rydbeck
Folke Ramström		Gustaf Svensson
Carol Wallenberg		Erik Wijk
Otto Silverschhiöld		Per Arne Wållgren

FOLKES VÄNNER
OCH JAKTKAMRATER

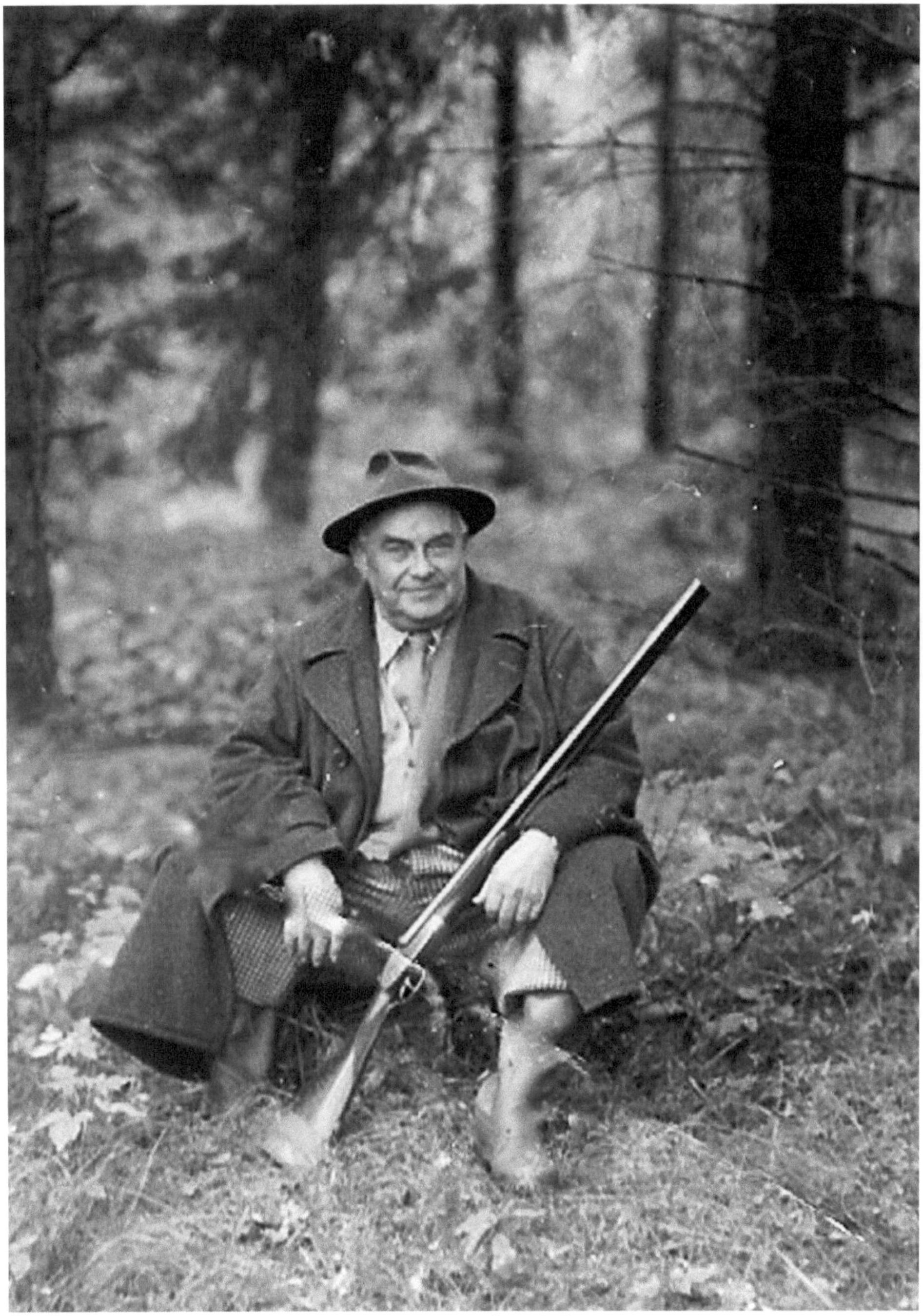

Bland jaktkamraterna hade Folke smeknamnet ”Pucka”

FOLKE JAGAR

Folke älskade att jaga.

Han var en duktig skytt och kunde blixtsnabbt avfyra sin dubbelpipiga hagelbössa. Tillsammans med sin svåger Sven Hansson hade de sex jakthundar på Mååtorp.

Folke hade ofta middag för jaktkamraterna på Mååtorp.

I Folkes brev till Olga skriver han ofta om vad som tilldragit sig under jakten. Han hade bänkar överallt i skogen, alla numrerade, och det hjälpte när jakten organiserades men också när Folke skrev till Olga om sina jaktäventyr.

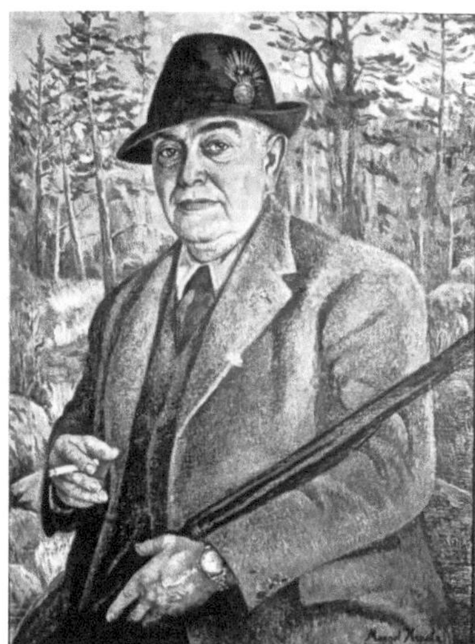

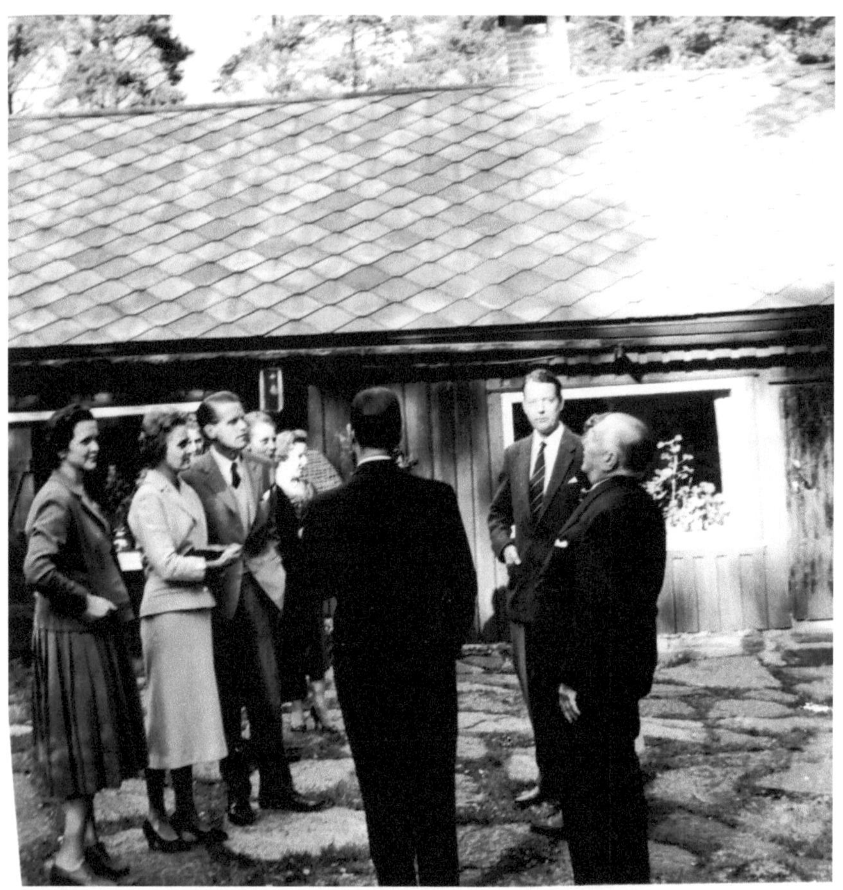

1946 köpte Folke ett torp långt inne i skogen, nära jaktmarkerna i Fjärås. Folke byggde om, och byggde till det gamla huset. Den omgivande trädgården och skogen förvandlades till en naturpark med azaleor och rhododendron som tillsammans med massor av lökväxter blommade med enorm färgprakt på våren.

Där fanns sex jakthundar, höns, ankor, gäss och en stor köksträdgård. Folke var lyckligt lottad som hade den fantastiskt duktiga kokerskan och allt-i-allon Linnéa. Släkt och vänner blev alltid väl undfägnade på Mååtorp (bild till vänster). I den rustika storstugan fanns ständigt en välkomnande brasa på vintern.

Ett underbart ställe att besöka.

På Mååtorp fanns vedbodar och jaktstugor tillverkade av smala trädstammar som Linnéa barkat av med ett specialgjort verktyg.

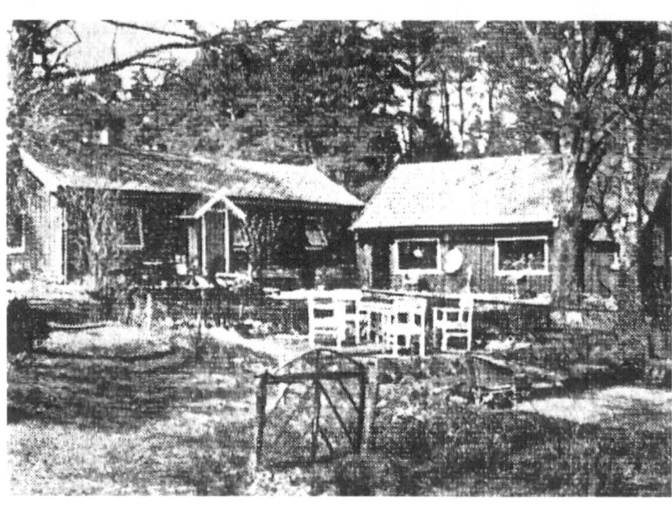

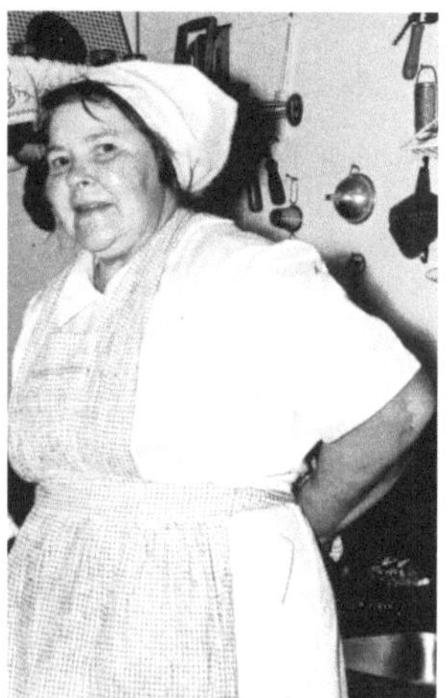

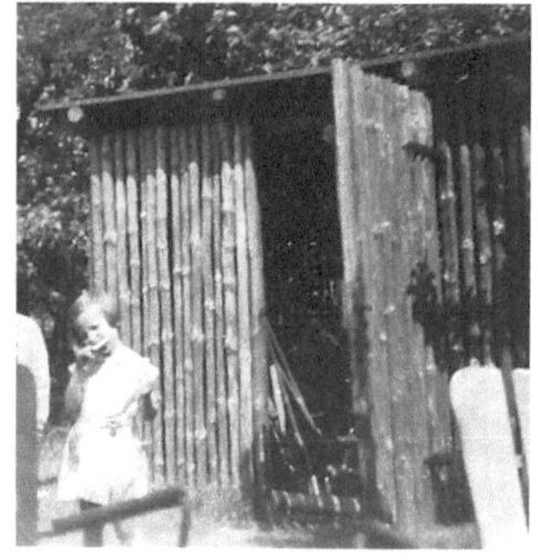

FOLKES MÅÅTORP

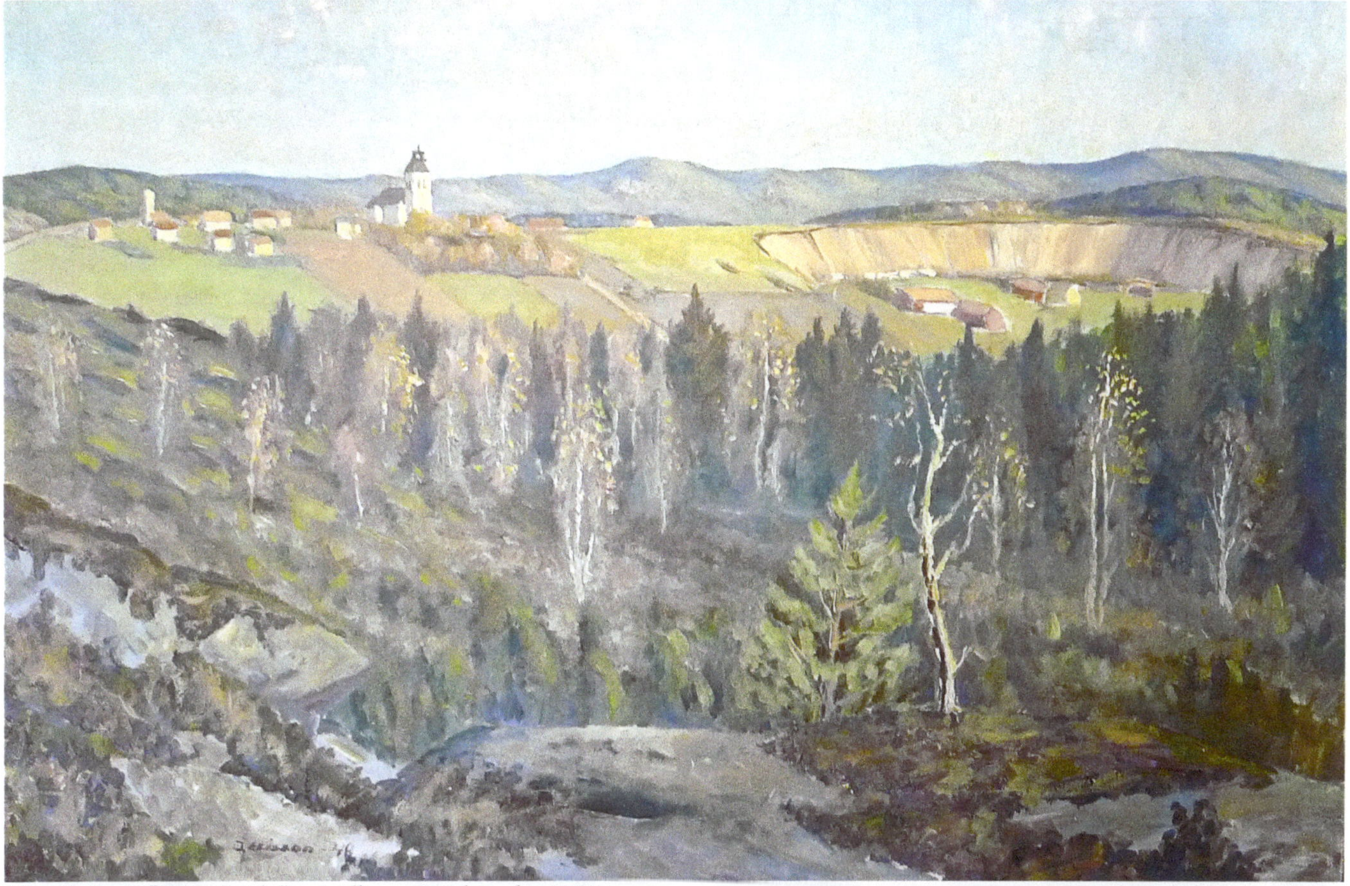

Oljemålningen "Fjärås Bräcka" av J. Ellison 1946, hängde på Måätorp.

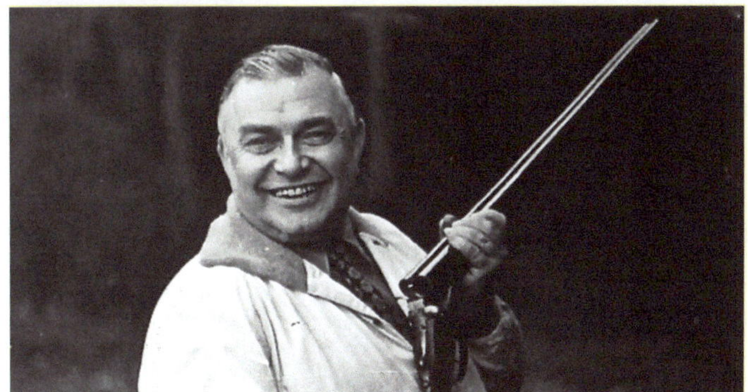

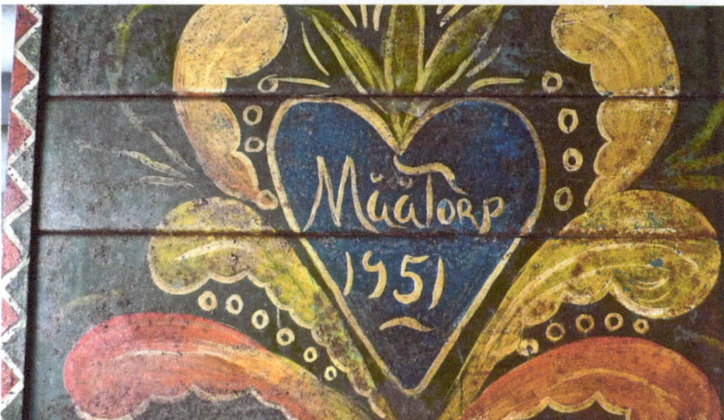

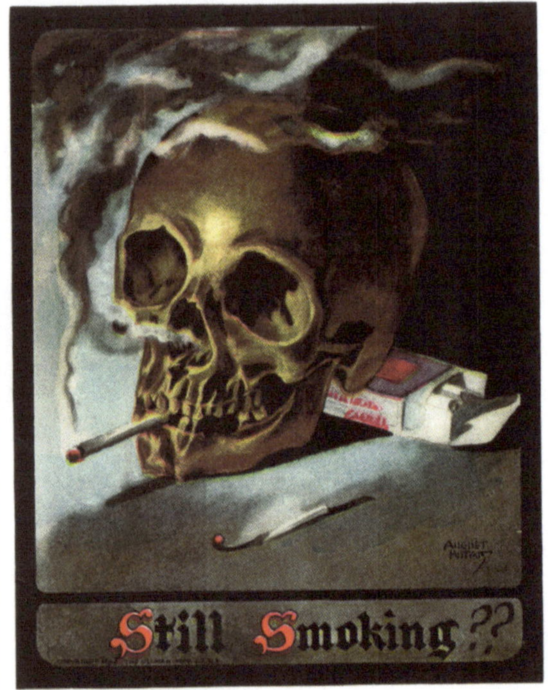

"Söndag 24 augusti 1909
RÖKER DU FORTFARANDE?
<u>Jag väntar på svar</u>".

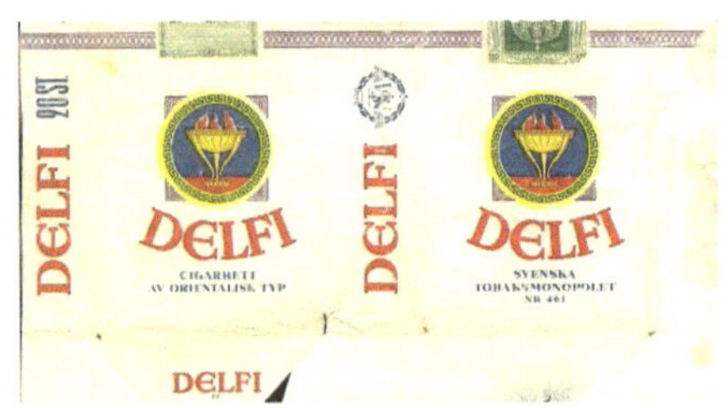

Folke rökte alltid Delfi

Släkt och vänner minns Folke som en mycket glad man som älskade mat och dryck och alltid rökte.

Men när Folke var tjugotre år och förlovad med sin amerikanska Olga, hade hon bestämt sig för att försöka få Folke att sluta röka genom att dra ned på antalet cigaretter han rökte. Hon höll efter Folke som synes av det humoristiska vykortet till vänster. Folke såg det mest som ett skämt. Vi borde ha fler sådana i rökrummet, skrev han till Olga.

Folke som ville behaga sin trolovade gjorde sitt bästa och höll sig till tre cigaretter om dagen, vissa dagar rökte han inga cigaretter alls, bara en enstaka cigarr eller pipa. I nästan varje brev skriver Folke till Olga hur många cigaretter han rökt. Men vi vet vem som vann den striden...

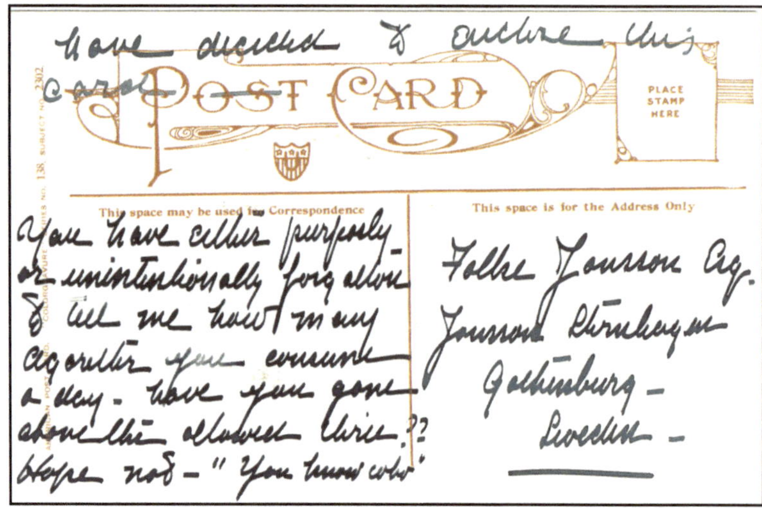

"Du har antingen medvetet eller omedvetet glömt att berätta för mig hur många cigaretter du har rökt varje dag. Har du överskridit de tre som vi kom överens om?
Hoppas inte det.
Du vet vem"

SNÄLLA FOLKE, RÖK INTE...

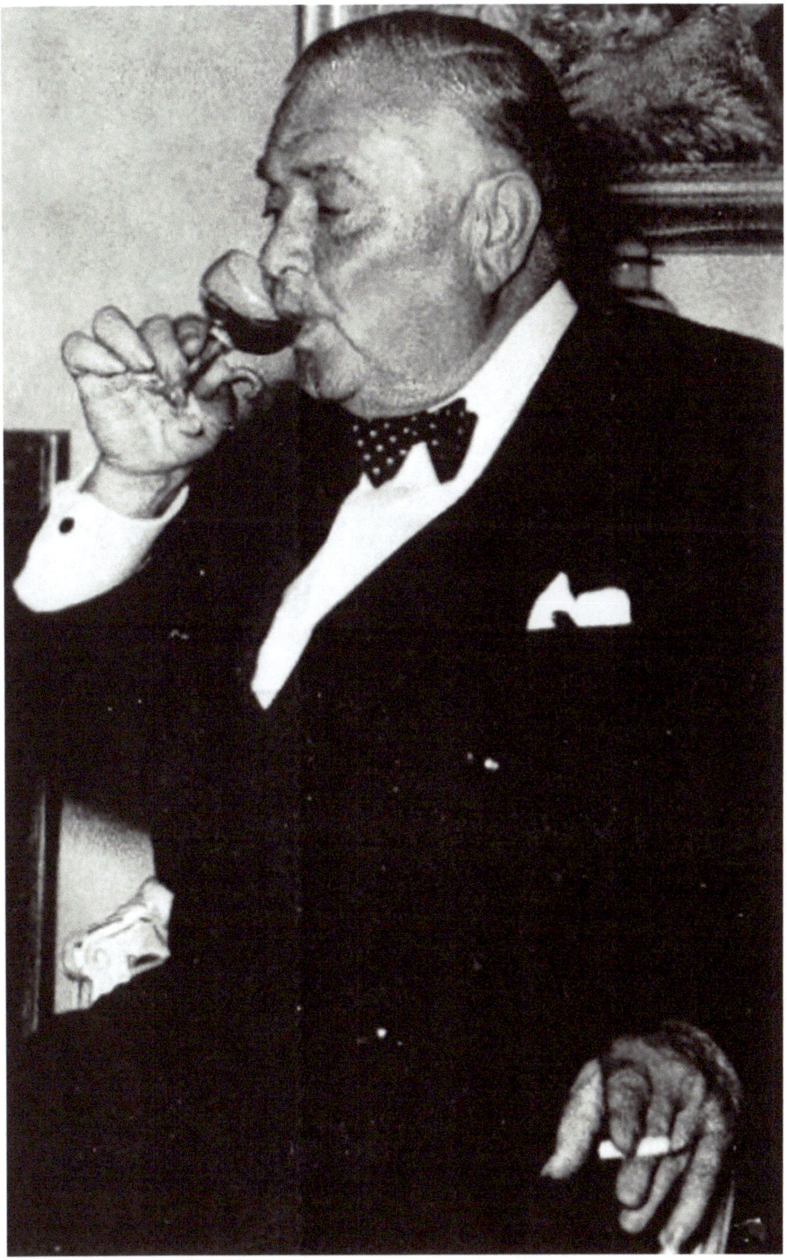

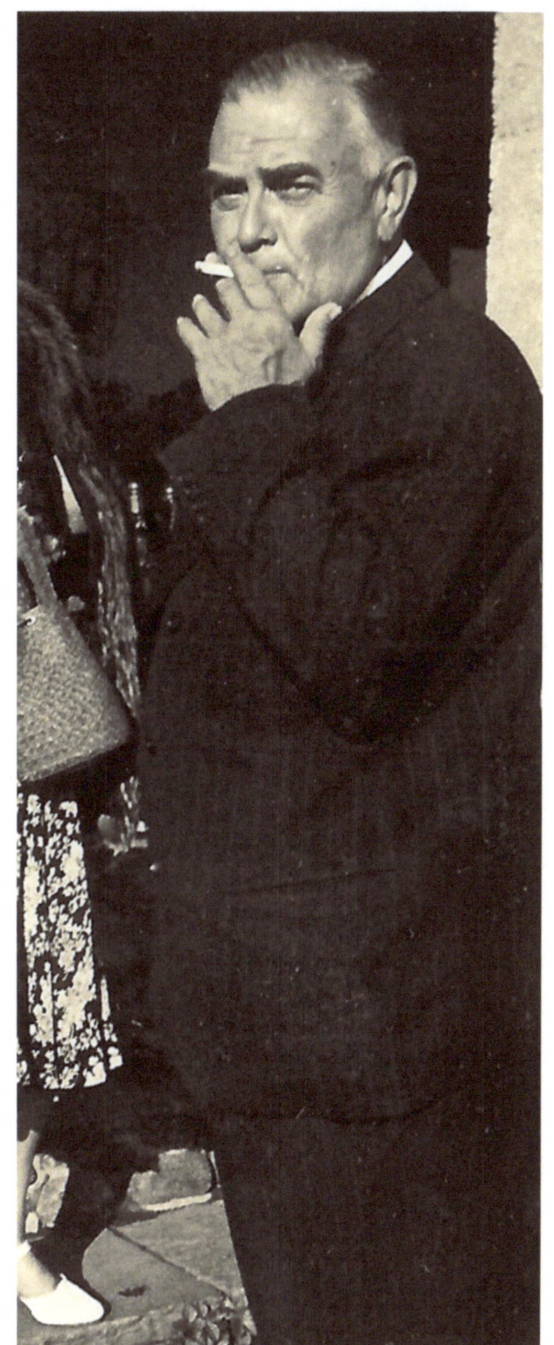

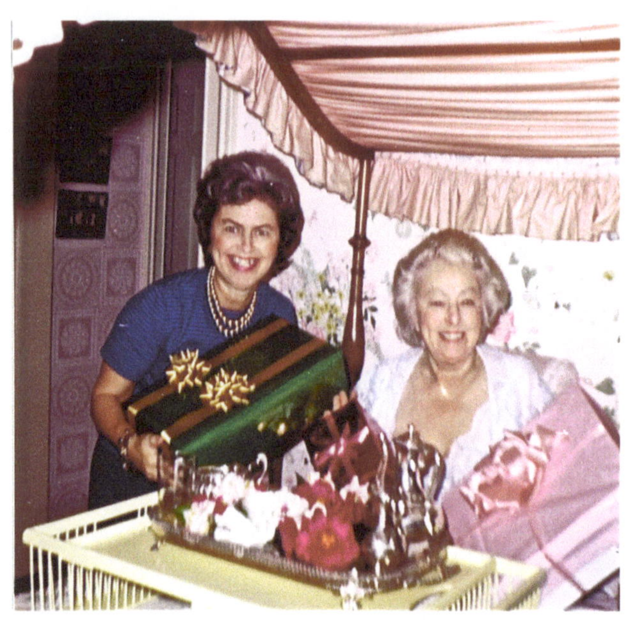

OLGA SKÄMS BORT I JACKSONVILLE

När Olga på senare år besökte sin hemstad Jacksonville i Florida bodde hon hos sin syster Una eller hos ett av sina fyra barn. Här får Olga födelsedagskaffe på sängen av dottern Sigrid (vänster).

Nedan:
Det är 1946 och andra världskriget är över. Olga kan åter besöka Florida. Sist hon var där var 1939.
Hon har sin dotter Mary med sig och de sitter här på hotell Pennsylvania i New York. De har mötts vid båten av dottern Sigrid med familj som kommit från Jacksonville.
Från vänster: Dottern Mary, Olga, dottern Sigrid och hennes son Charles Jr. samt maken Charles Sr.

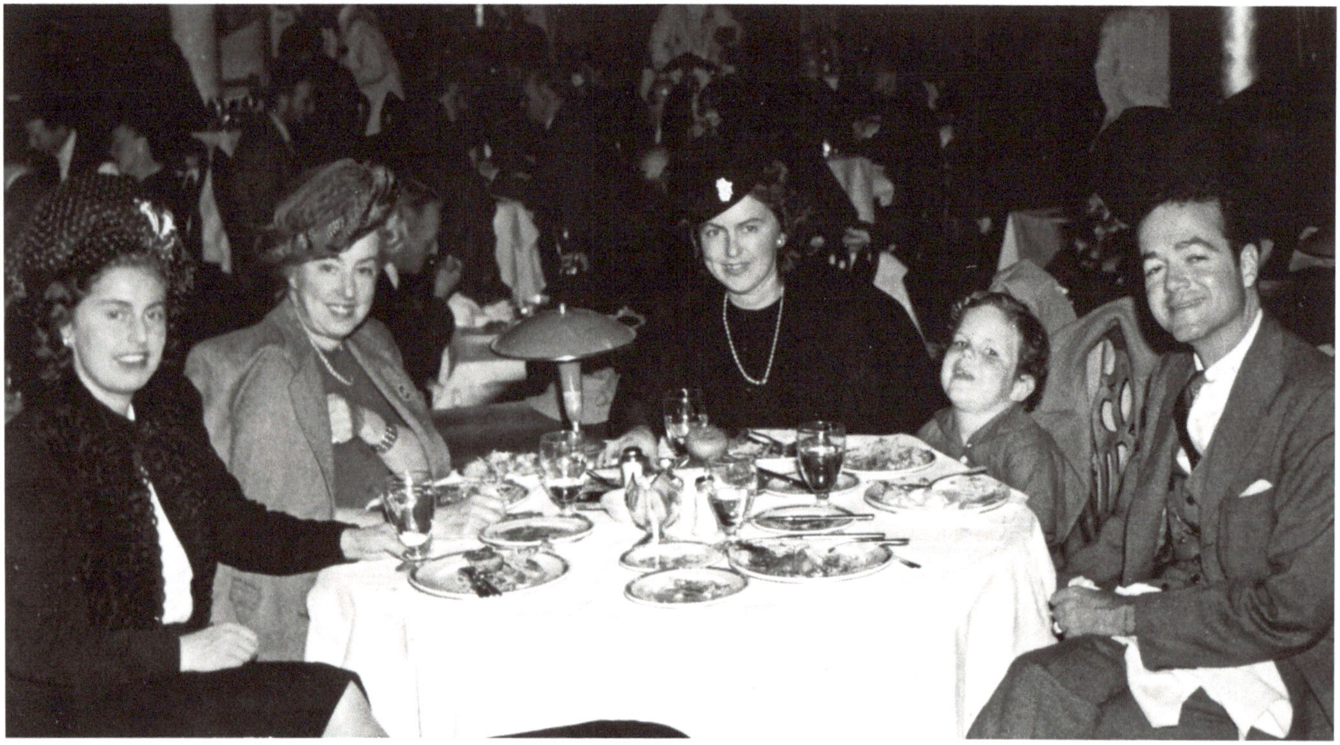

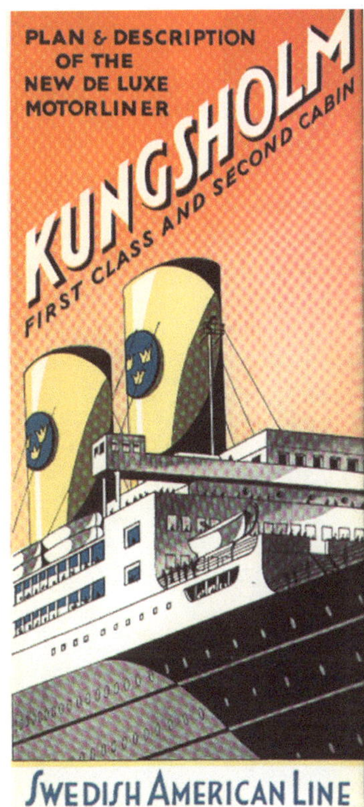

Olga och hennes familj föredrog att resa med Svenska Amerikalinjen. Folkes bror Axel Jonsson var chef där och var till hjälp på många sätt. De svenska kryssningsfartygen gick från Göteborg vilket var bekvämt för Olga. Väl framme i New York återstod bara en resa med järnväg ned till Jacksonville, Florida.

RESOR TILL FLORIDA

Olga som var amerikanska hade sin familj i Florida och Folke insåg rätt snart att om man gifter sig med en kvinna från en annan kontinent och den kvinnan är charmerande oberoende, påhittig och modig, och dessutom har en egen inkomst, då får man räkna med att hon vill besöka sitt hemland någon enstaka gång -- eller flera gånger -- eller mer än flera gånger. Olga reste för det mesta med de stora passagerar-fartygen, men det fanns alternativ.

Här syns hon 1963 på däck med dottern Gunilla på ett av Svenska Amerikalinjens fraktfartyg (höger). Det hade ett fåtal passagerarhytter och fördelen var att båten gick direkt från Göteborg till Jacksonville, visserligen med uppehåll i hamnar på vägen dit, men den rymliga hytten kunde fyllas till brädden med presenter i båda riktningarna. Olga och Folke hade fyra barn i Amerika och fyra i Sverige (och ett i Frankrike) och alla hade växande familjer. Olga var en enormt kärleksfull, aktiv och omtänksam mamma, mormor och farmor för dom alla.

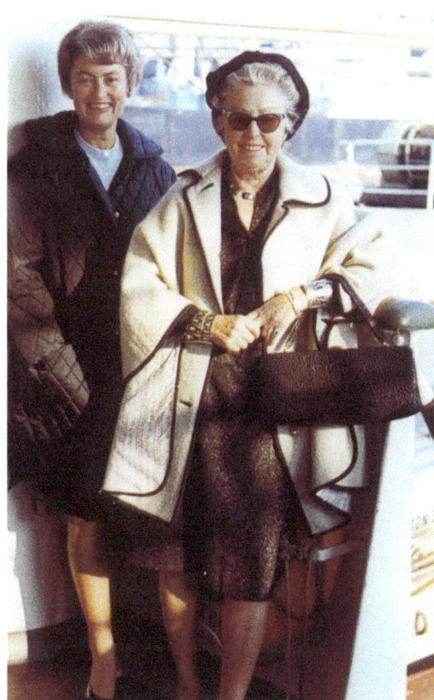

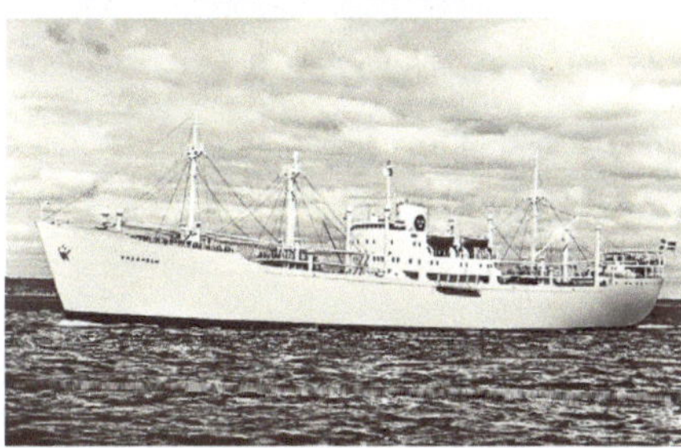

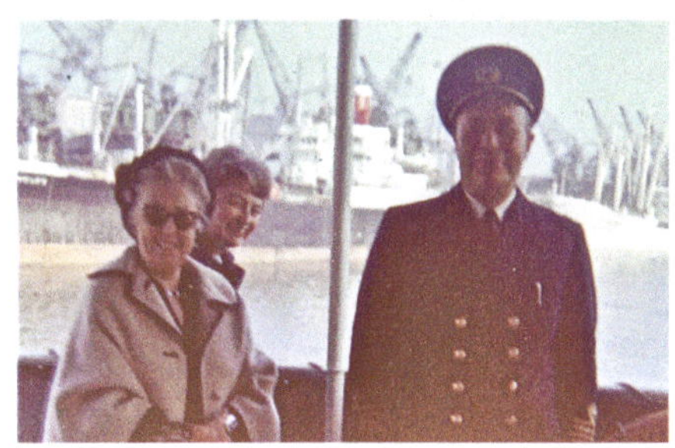

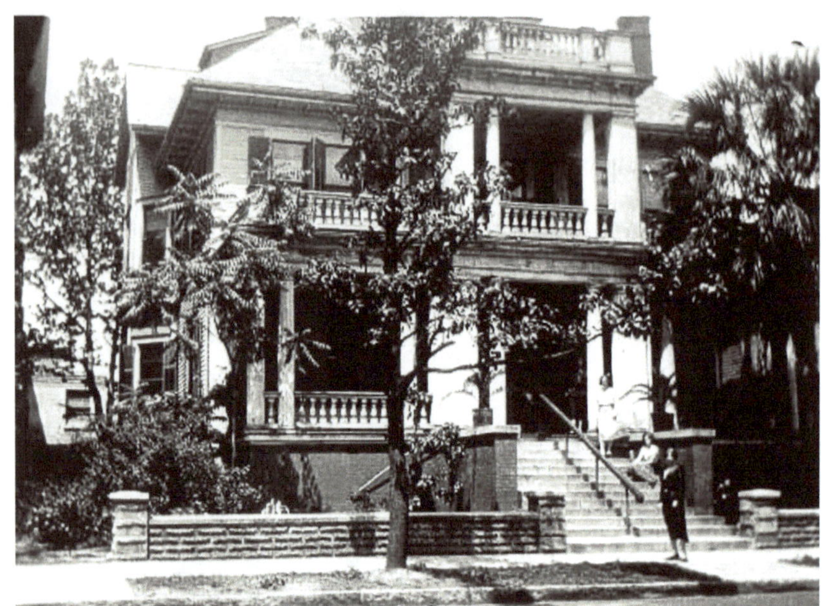

Olgas föräldrahem på 115 East Adams Street i Jacksonville, Florida. Det var här Folkes brev hamnade när han under 1913 skrev till henne i flera månaders tid och vädjade till henne att komma hem till jul.

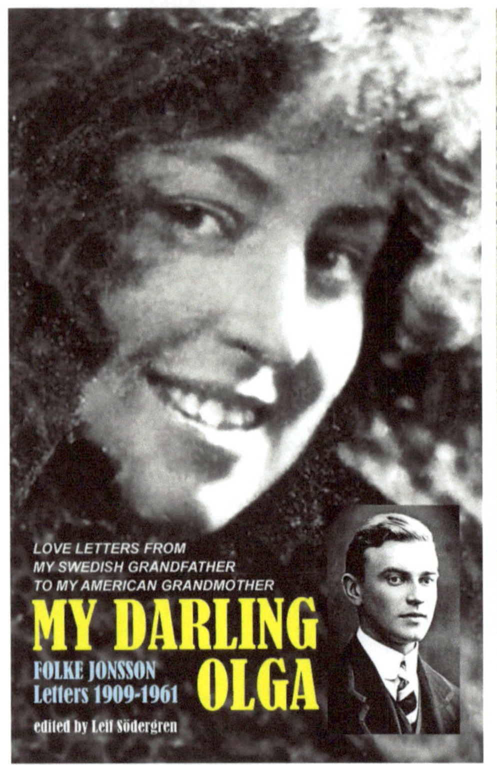

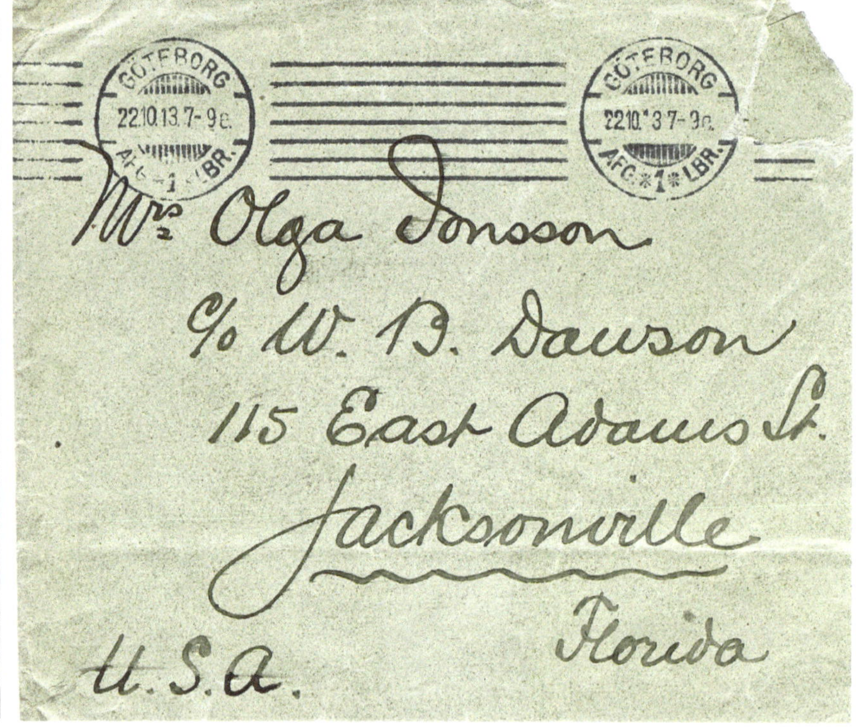

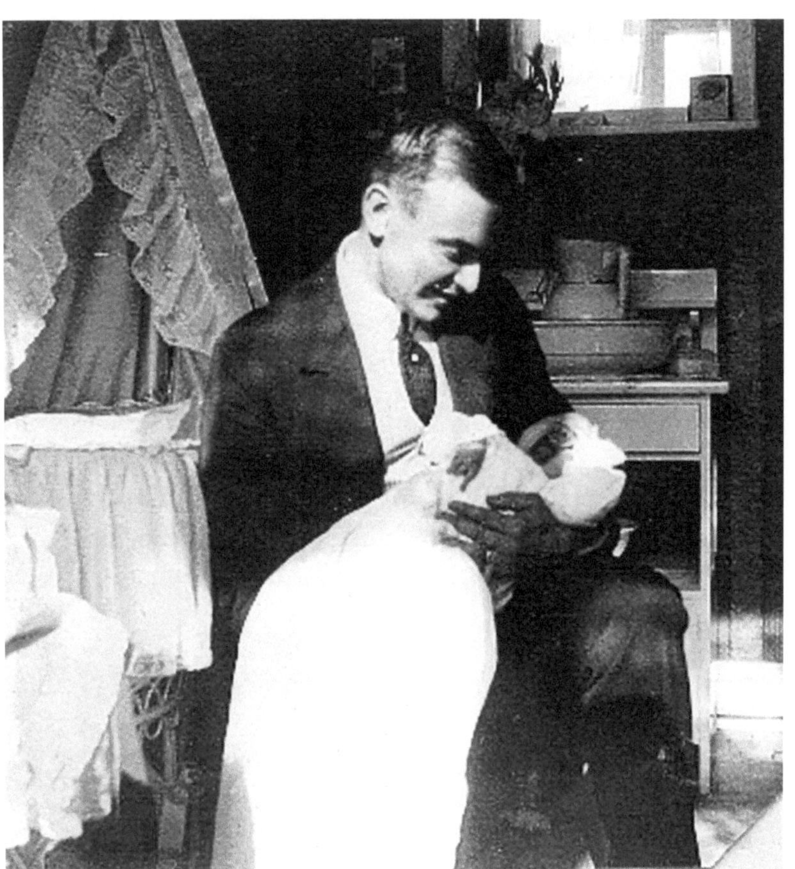

Folke ensam hemma i Göteborg 1913 med Mary Carita.

FOLKES BREV TILL OLGA

Olga var vanligtvis borta i flera månader när hon besökte Florida. Olga tröstade med orden "absence makes the heart grow fonder" (längtan fördjupar kärleken), men Folke som var en känslig själ led av att vara skild från Olga så länge. Han var djupt olycklig innan hans älskade Olga återvände.

Han "samtalade" med henne i sina många brev (de flesta på engelska) när hon var borta. Breven var alltid daterade, sidorna numrerade och skrivna med den vackraste handstil -- en glädje att läsa.

Om Folke hade gift sig med en kvinna hemmahörande i Sverige, hade vi förmodligen inte haft denna intima och mycket intressanta brevväxling idag. Tack mormor Olga för att du sparade breven!

KUNGLIGT GOD MAT

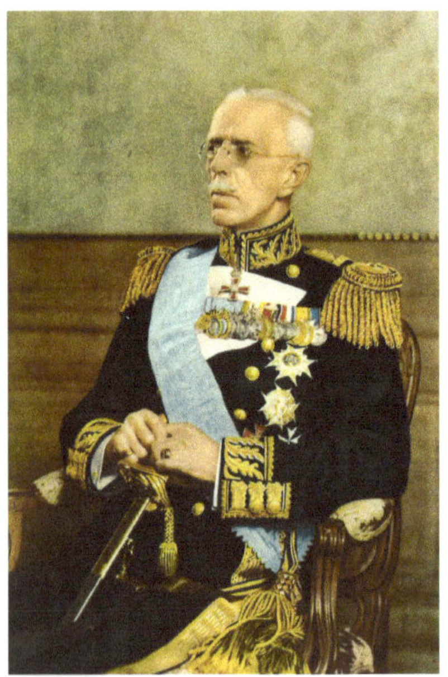

Kung Gustav V som var en regelbunden gäst på Lysholmen om somrarna när han bodde i villa Gövik på Särö, uppskattade Linnéas mat. Han lär ha sagt att han inte kunde få bättre mat hemma i Stockholm. Han såg alltid till att en burk med Linnéas berömda sockerskorpor fanns till hands.

Vänster nedan: Kungens signatur på bordet (en kvarnsten av granit) utanför loggian på Lysholmen.

Linnéa älskade att arbeta utomhus. Förutom matlagning, städning och tvätt (utan tvätt-eller diskmaskin), klippte hon gärna gräset eller hjälpte Folke med att barka av träd som användes till att bygga vedbodar och annat. Hon var ett energiskt fenomen.

När Linnéa var runt 65 odlade hon tomater i växthuset på Lysholmen, mest för att det roade henne, ingen bad henne göra det. En bonde i trakten levererade ett lass gödsel som hon körde in i växthuset med en skottkärra. Hon var mycket stolt över sina fina tomater, sallad och persikor. Lika fint som hon skötte allt detta, lika fint och ömsint tog hon hand om Olga när hon blev gammal och behövde mer omsorg.

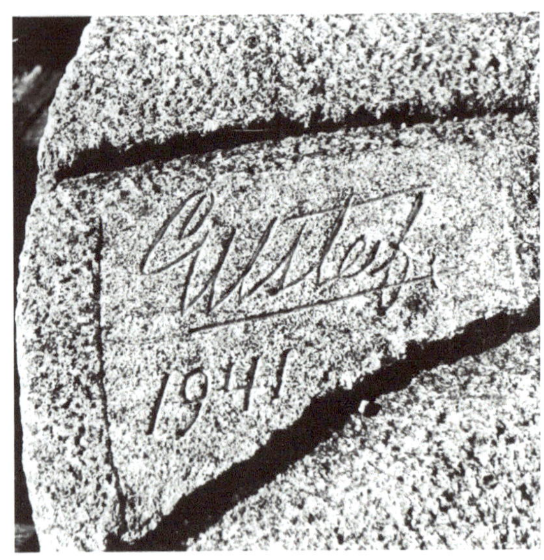

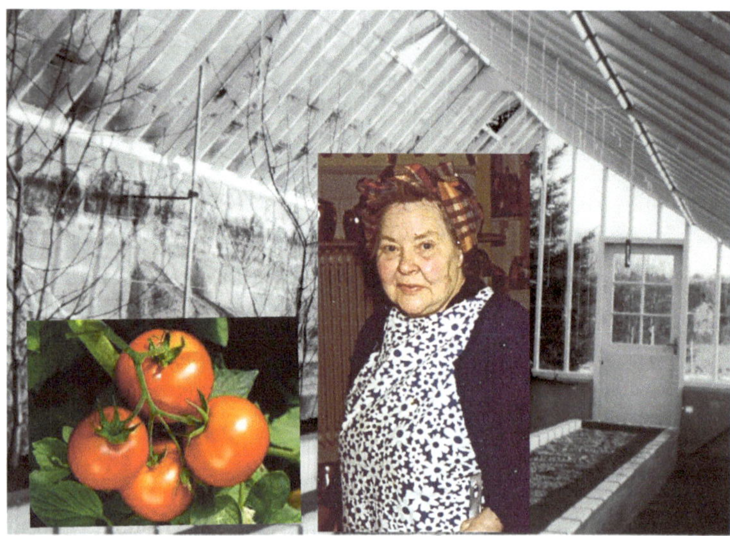

FANTASTISKA LINNÉA

Linnéa kunde alltid trolla fram den finaste måltid även när gäster dök upp utan förvarning. Hon hade alltid något i frysen eller så gick hon till Berntssons speceriaffär, en gammaldags affär nära Lysholmen där man fortfarande köpte maten över disk. Linnéa ringde på hemma hos de förtjusande ägarna som ställde upp även på helger då affärerna inte var öppna.

Linnéa var en mästare i köket, men det var hon som bestämde och hon tolererade ingen inblandning. Då kunde det slå gnistor!

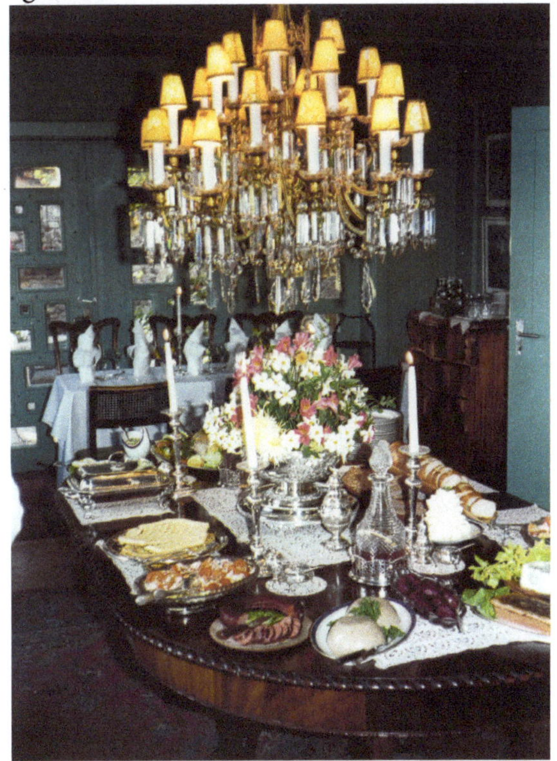

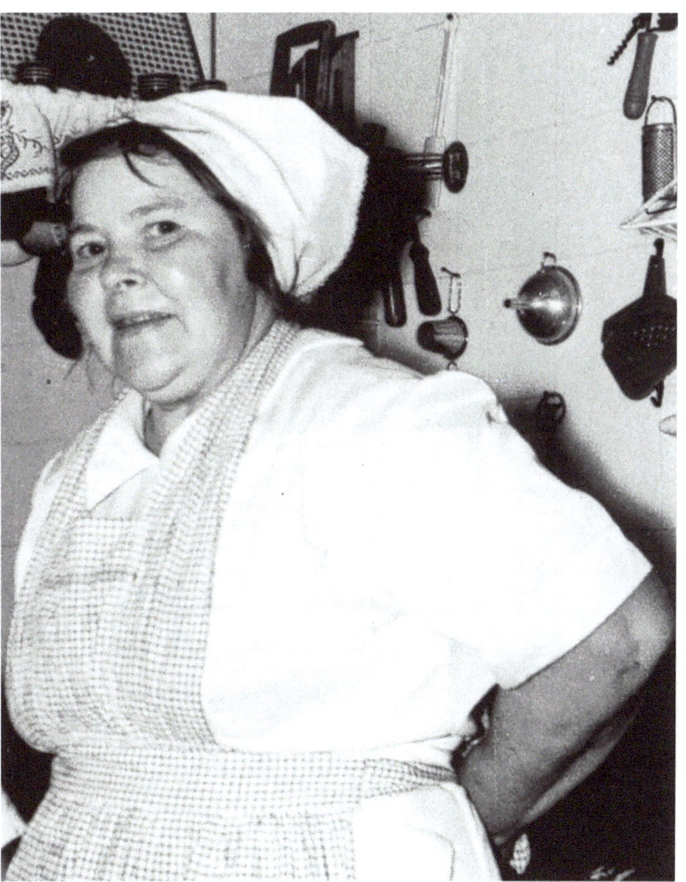

"Linnéa" som från början var utbildad storkokerska var en fantastiskt allt-i-allo som tog hand om Olga och Folke så länge de levde, i nästan fyrtio år. Tack vare henne kunne de leva sina liv som de alltid gjort.

Linnéa hade aldrig stannat så länge om hon inte trivts och känt sig "hemma".
Olga och Folke och hela familjen förstod att mycket var avhängigt av Linnéa och hon var oerhört respekterad, uppskattad och omtyckt.

SLÄKTFAKTA

OLGA MIMS (DAWSON) JONSSON 1890/91 - 1978

FOLKE JONSSON 1886 - 1961

DERAS BARN:
Anita 1910
Billy 1911
Mary 1913
Sonja 1915
Sigrid 1917
Bo-Erling 1918
Gunilla 1921
Ponkis (Folke) 1922
Claes-Herbert 1930

OLGAS FÖRÄLDRAR:
Anita (Ball) Dawson 1858 - 1931
William Dawson 1856 - 1916

FOLKES FÖRÄLDRAR:
Ragnhild (Lundgren) Jonsson 1864 - 1903
Axel Jonsson 1844-1931

FÖRFATTAREN

Leif Södergren är barnbarn till Folke och Olga Jonsson. Han växte upp, och bor i Göteborg.
Han har en B.A. och en Master of Arts Degree i American Studies vid California State University, San Diego.
Han har arbetat med internationell transportförsäkring i många år.
Han arbetar nu som författare och förläggare och har sedan 2009 en svensk och en engelsk blogg.
Liksom hans mormor Olga, målar han dalamålningar.

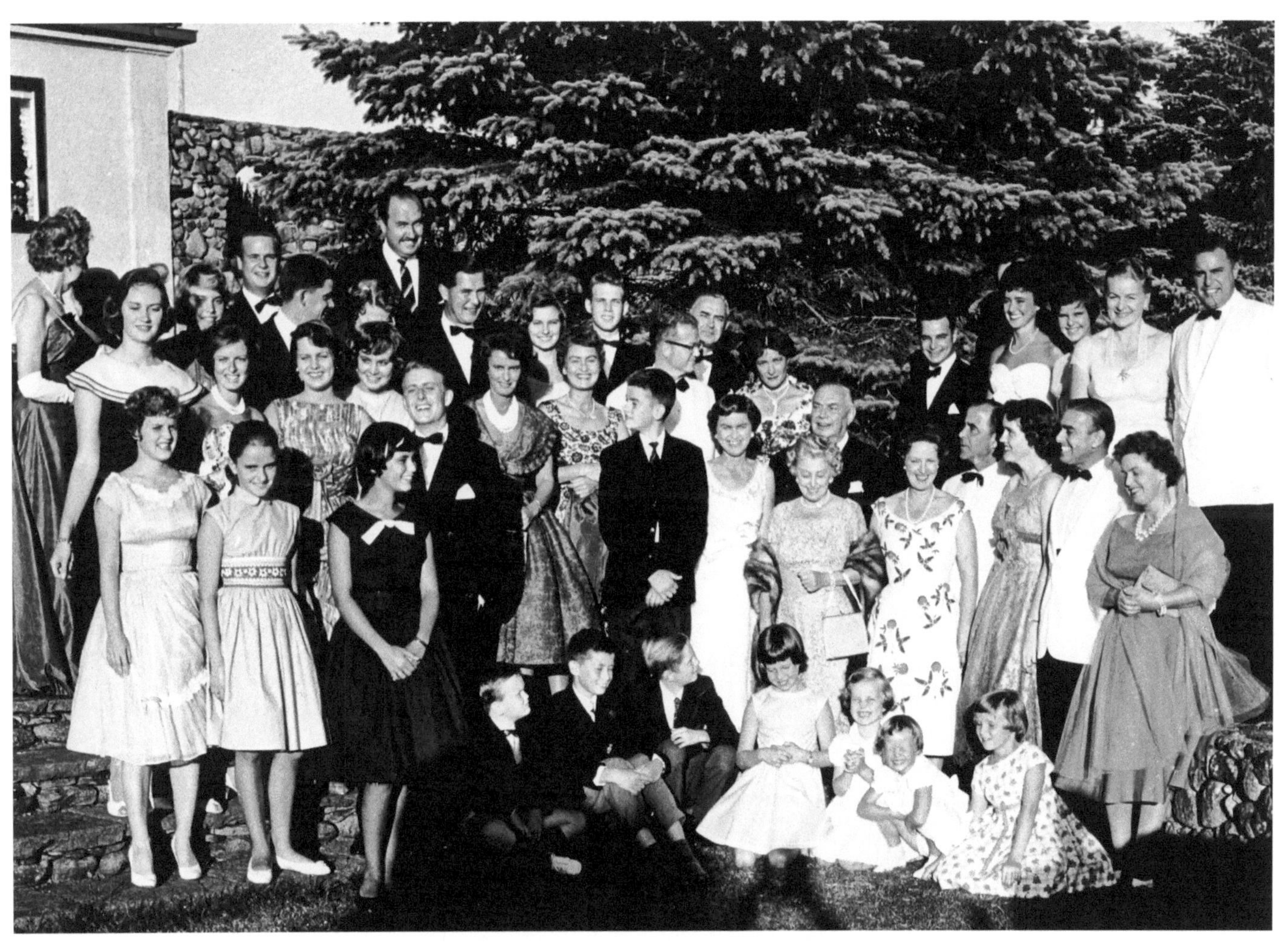

OLGAS & FOLKES GULDBRÖLLOP
LYSHOLMEN
1959

www.ingramcontent.com/pod-product-compliance
Lightning Source LLC
LaVergne TN
LVHW070144110826
845147LV00002B/325

9789197918893